は　し　が　き

　平成29年3月に告示された中学校学習指導要領が，令和3年度から全面実施されます。

　今回の学習指導要領では，各教科等の目標及び内容が，育成を目指す資質・能力の三つの柱（「知識及び技能」，「思考力，判断力，表現力等」，「学びに向かう力，人間性等」）に沿って再整理され，各教科等でどのような資質・能力の育成を目指すのかが明確化されました。これにより，教師が「子供たちにどのような力が身に付いたか」という学習の成果を的確に捉え，主体的・対話的で深い学びの視点からの授業改善を図る，いわゆる「指導と評価の一体化」が実現されやすくなることが期待されます。

　また，子供たちや学校，地域の実態を適切に把握した上で教育課程を編成し，学校全体で教育活動の質の向上を図る「カリキュラム・マネジメント」についても明文化されました。カリキュラム・マネジメントの一側面として，「教育課程の実施状況を評価してその改善を図っていくこと」がありますが，このためには，教育課程を編成・実施し，学習評価を行い，学習評価を基に教育課程の改善・充実を図るというPDCAサイクルを確立することが重要です。このことも，まさに「指導と評価の一体化」のための取組と言えます。

　このように，「指導と評価の一体化」の必要性は，今回の学習指導要領において，より一層明確なものとなりました。そこで，国立教育政策研究所教育課程研究センターでは，「幼稚園，小学校，中学校，高等学校及び特別支援学校の学習指導要領等の改善及び必要な方策等について（答申）」（平成28年12月21日中央教育審議会）をはじめ，「児童生徒の学習評価の在り方について（報告）」（平成31年1月21日中央教育審議会初等中等教育分科会教育課程部会）や「小学校，中学校，高等学校及び特別支援学校等における児童生徒の学習評価及び指導要録の改善等について」（平成31年3月29日付初等中等教育局長通知）を踏まえ，このたび「『指導と評価の一体化』のための学習評価に関する参考資料」を作成しました。

　本資料では，学習評価の基本的な考え方や，各教科等における評価規準の作成及び評価の実施等について解説しているほか，各教科等別に単元や題材に基づく学習評価について事例を紹介しています。各学校においては，本資料や各教育委員会等が示す学習評価に関する資料などを参考としながら，学習評価を含むカリキュラム・マネジメントを円滑に進めていただくことで，「指導と評価の一体化」を実現し，子供たちに未来の創り手となるために必要な資質・能力が育まれることを期待します。

　最後に，本資料の作成に御協力くださった方々に心から感謝の意を表します。

　令和2年3月

　　　　　　　　　　　　　　　　　　　　　　　　　国 立 教 育 政 策 研 究 所
　　　　　　　　　　　　　　　　　　　　　　　　　教育課程研究センター長
　　　　　　　　　　　　　　　　　　　　　　　　　　　　笹 井 　 弘 之

目次

- 学習指導要領等関係資料について
- 学習評価の在り方ハンドブック（小・中学校編）

※本冊子については，改訂後の常用漢字表（平成 22 年 11 月 30 日内閣告示）に基づいて表記しています。（学習指導要領及び初等中等教育局長通知等の引用部分を除く）

第1編

総説

第1編　総説

本編においては，以下の資料について，それぞれ略称を用いることとする。

> 答申：「幼稚園，小学校，中学校，高等学校及び特別支援学校の学習指導要領等の改善
> 及び必要な方策等について（答申）」　平成 28 年 12 月 21 日　中央教育審議会
> 報告：「児童生徒の学習評価の在り方について（報告）」　平成 31 年 1 月 21 日　中央教
> 育審議会　初等中等教育分科会　教育課程部会
> 改善等通知：「小学校，中学校，高等学校及び特別支援学校等における児童生徒の学習
> 評価及び指導要録の改善等について（通知）」　平成 31 年 3 月 29 日　初等中等
> 教育局長通知

第1章　平成 29 年改訂を踏まえた学習評価の改善

1　はじめに

　　学習評価は，学校における教育活動に関し，児童生徒の学習状況を評価するものである。答申にもあるとおり，児童生徒の学習状況を的確に捉え，教師が指導の改善を図るとともに，児童生徒が自らの学びを振り返って次の学びに向かうことができるようにするためには，学習評価の在り方が極めて重要である。

　　各教科等の評価については，学習状況を分析的に捉える「観点別学習状況の評価」と「評定」が学習指導要領に定める目標に準拠した評価として実施するものとされている[1]。観点別学習状況の評価とは，学校における児童生徒の学習状況を，複数の観点から，それぞれの観点ごとに分析する評価のことである。児童生徒が各教科等での学習において，どの観点で望ましい学習状況が認められ，どの観点に課題が認められるかを明らかにすることにより，具体的な学習や指導の改善に生かすことを可能とするものである。各学校において目標に準拠した観点別学習状況の評価を行うに当たっては，観点ごとに評価規準を定める必要がある。評価規準とは，観点別学習状況の評価を的確に行うため，学習指導要領に示す目標の実現の状況を判断するよりどころを表現したものである。本参考資料は，観点別学習状況の評価を実施する際に必要となる評価規準等，学習評価を行うに当たって参考となる情報をまとめたものである。

　　以下，文部省指導資料から，評価規準について解説した部分を参考として引用する。

---

[1] 各教科の評価については，観点別学習状況の評価と，これらを総括的に捉える「評定」の両方について実施するものとされており，観点別学習状況の評価や評定には示しきれない児童生徒の一人一人のよい点や可能性，進歩の状況については，「個人内評価」として実施するものとされている。（P. 6 ～ 11 に後述）

（参考）評価規準の設定（抄）

（文部省「小学校教育課程一般指導資料」（平成5年9月）より）

　新しい指導要録（平成3年改訂）では，観点別学習状況の評価が効果的に行われるようにするために，「各観点ごとに学年ごとの評価規準を設定するなどの工夫を行うこと」と示されています。

　これまでの指導要録においても，観点別学習状況の評価を適切に行うため，「観点の趣旨を学年別に具体化することなどについて工夫を加えることが望ましいこと」とされており，教育委員会や学校では目標の達成の度合いを判断するための基準や尺度などの設定について研究が行われてきました。

　しかし，それらは，ともすれば知識・理解の評価が中心になりがちであり，また「目標を十分達成（＋）」，「目標をおおむね達成（空欄）」及び「達成が不十分（－）」ごとに詳細にわたって設定され，結果としてそれを単に数量的に処理することに陥りがちであったとの指摘がありました。

　今回の改訂においては，学習指導要領が目指す学力観に立った教育の実践に役立つようにすることを改訂方針の一つとして掲げ，各教科の目標に照らしてその実現の状況を評価する観点別学習状況を各教科の学習の評価の基本に据えることとしました。したがって，評価の観点についても，学習指導要領に示す目標との関連を密にして設けられています。

　このように，学習指導要領が目指す学力観に立つ教育と指導要録における評価とは一体のものであるとの考え方に立って，各教科の目標の実現の状況を「関心・意欲・態度」，「思考・判断・表現」，「技能・表現（または技能）」及び「知識・理解」の観点ごとに適切に評価するため，「評価規準を設定する」ことを明確に示しているものです。

　「評価規準」という用語については，先に述べたように，新しい学力観に立って子供たちが自ら獲得し身に付けた資質や能力の質的な面，すなわち，学習指導要領の目標に基づく幅のある資質や能力の育成の実現状況の評価を目指すという意味から用いたものです。

2　平成29年改訂を踏まえた学習評価の意義

（1）学習評価の充実

　　平成29年改訂小・中学校学習指導要領総則においては，学習評価の充実について新たに項目が置かれた。具体的には，学習評価の目的等について以下のように示し，単元や題材など内容や時間のまとまりを見通しながら，児童生徒の主体的・対話的で深い学びの実現に向けた授業改善を行うと同時に，評価の場面や方法を工夫して，学習の過程や成果を評価することを示し，授業の改善と評価の改善を両輪として行っていくことの必要性を明示した。

> ・生徒のよい点や進歩の状況などを積極的に評価し，学習したことの意義や価値を実感できるようにすること。また，各教科等の目標の実現に向けた学習状況を把握する観点から，単元や題材など内容や時間のまとまりを見通しながら評価の場面や方法を工夫して，学習の過程や成果を評価し，指導の改善や学習意欲の向上を図り，資質・能力の育成に生かすようにすること。
> ・創意工夫の中で学習評価の妥当性や信頼性が高められるよう，組織的かつ計画的な取組を推進するとともに，学年や学校段階を越えて生徒の学習の成果が円滑に接続されるように工夫すること。

（中学校学習指導要領第1章総則　第3教育課程の実施と学習評価　2学習評価の充実）
（小学校学習指導要領にも同旨）

（2）カリキュラム・マネジメントの一環としての指導と評価

　　各学校における教育活動の多くは，学習指導要領等に従い児童生徒や地域の実態を踏まえて編成された教育課程の下，指導計画に基づく授業（学習指導）として展開される。各学校では，児童生徒の学習状況を評価し，その結果を児童生徒の学習や教師による指導の改善や学校全体としての教育課程の改善等に生かしており，学校全体として組織的かつ計画的に教育活動の質の向上を図っている。このように，「学習指導」と「学習評価」は学校の教育活動の根幹に当たり，教育課程に基づいて組織的かつ計画的に教育活動の質の向上を図る「カリキュラム・マネジメント」の中核的な役割を担っている。

（3）主体的・対話的で深い学びの視点からの授業改善と評価

　指導と評価の一体化を図るためには，児童生徒一人一人の学習の成立を促すための評価という視点を一層重視し，教師が自らの指導のねらいに応じて授業での児童生徒の学びを振り返り，学習や指導の改善に生かしていくことが大切である。すなわち，平成29年改訂学習指導要領で重視している「主体的・対話的で深い学び」の視点からの授業改善を通して各教科等における資質・能力を確実に育成する上で，学習評価は重要な役割を担っている。

（4）学習評価の改善の基本的な方向性

　（1）～（3）で述べたとおり，学習指導要領改訂の趣旨を実現するためには，学習評価の在り方が極めて重要であり，すなわち，学習評価を真に意味のあるものとし，指導と評価の一体化を実現することがますます求められている。

　このため，報告では，以下のように学習評価の改善の基本的な方向性が示された。

① 児童生徒の学習改善につながるものにしていくこと
② 教師の指導改善につながるものにしていくこと
③ これまで慣行として行われてきたことでも，必要性・妥当性が認められないものは見直していくこと

3　平成29年改訂を受けた評価の観点の整理

　平成29年改訂学習指導要領においては，知・徳・体にわたる「生きる力」を児童生徒に育むために「何のために学ぶのか」という各教科等を学ぶ意義を共有しながら，授業の創意工夫や教科書等の教材の改善を引き出していくことができるようにするため，全ての教科等の目標及び内容を「知識及び技能」，「思考力，判断力，表現力等」，「学びに向かう力，人間性等」の育成を目指す資質・能力の三つの柱で再整理した（図1参照）。知・徳・体のバランスのとれた「生きる力」を育むことを目指すに当たっては，各教科等の指導を通してどのような資質・能力の育成を目指すのかを明確にしながら教育活動の充実を図ること，その際には，児童生徒の発達の段階や特性を踏まえ，資質・能力の三つの柱の育成がバランスよく実現できるよう留意する必要がある。

図1

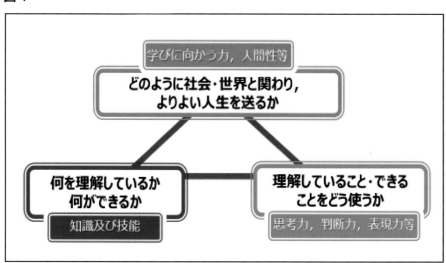

　観点別学習状況の評価については，こうした教育目標や内容の再整理を踏まえて，小・中・高等学校の各教科を通じて，4観点から3観点に整理された。（図2参照）

図2

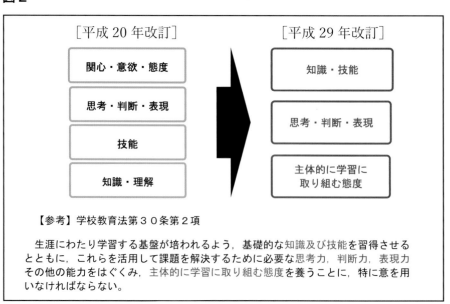

4　平成29年改訂学習指導要領における各教科の学習評価

　各教科の学習評価においては，平成29年改訂においても，学習状況を分析的に捉える「観点別学習状況の評価」と，これらを総括的に捉える「評定」の両方について，学習指導要領に定める目標に準拠した評価として実施するものとされた。改善等通知では，以下のように示されている。

【小学校児童指導要録】

　［各教科の学習の記録］

　I　観点別学習状況

　　学習指導要領に示す各教科の目標に照らして，その実現状況を観点ごとに評価し記入する。その際，

　　　「十分満足できる」状況と判断されるもの：A

　　　「おおむね満足できる」状況と判断されるもの：B

　　　「努力を要する」状況と判断されるもの：C

　のように区別して評価を記入する。

　II　評定（第3学年以上）

　　各教科の評定は，学習指導要領に示す各教科の目標に照らして，その実現状況を，

　　　「十分満足できる」状況と判断されるもの：3

　　　「おおむね満足できる」状況と判断されるもの：2

　　　「努力を要する」状況と判断されるもの：1

　のように区別して評価を記入する。

　　評定は各教科の学習の状況を総括的に評価するものであり，「観点別学習状況」において掲げられた観点は，分析的な評価を行うものとして，各教科の評定を行う場合において基本的な要素となるものであることに十分留意する。その際，評定の適切な決定方法等については，各学校において定める。

【中学校生徒指導要録】

（学習指導要領に示す必修教科の取扱いは次のとおり）

　［各教科の学習の記録］

　I　観点別学習状況（小学校児童指導要録と同じ）

　　学習指導要領に示す各教科の目標に照らして，その実現状況を観点ごとに評価し記入する。その際，

　　　「十分満足できる」状況と判断されるもの：A

　　　「おおむね満足できる」状況と判断されるもの：B

　　　「努力を要する」状況と判断されるもの：C

　のように区別して評価を記入する。

　II　評定

　　各教科の評定は，学習指導要領に示す各教科の目標に照らして，その実現状況を，

「十分満足できるもののうち，特に程度が高い」状況と判断されるもの：5

「十分満足できる」状況と判断されるもの：4

「おおむね満足できる」状況と判断されるもの：3

「努力を要する」状況と判断されるもの：2

「一層努力を要する」状況と判断されるもの：1

のように区別して評価を記入する。

評定は各教科の学習の状況を総括的に評価するものであり，「観点別学習状況」において掲げられた観点は，分析的な評価を行うものとして，各教科の評定を行う場合において基本的な要素となるものであることに十分留意する。その際，評定の適切な決定方法等については，各学校において定める。

　また，観点別学習状況の評価や評定には示しきれない児童生徒一人一人のよい点や可能性，進歩の状況については，「個人内評価」として実施するものとされている。改善等通知においては，「観点別学習状況の評価になじまず個人内評価の対象となるものについては，児童生徒が学習したことの意義や価値を実感できるよう，日々の教育活動等の中で児童生徒に伝えることが重要であること。特に『学びに向かう力，人間性等』のうち『感性や思いやり』など児童生徒一人一人のよい点や可能性，進歩の状況などを積極的に評価し児童生徒に伝えることが重要であること。」と示されている。

　「3　平成29年改訂を受けた評価の観点の整理」も踏まえて各教科における評価の基本構造を図示化すると，以下のようになる。（図3参照）

図3

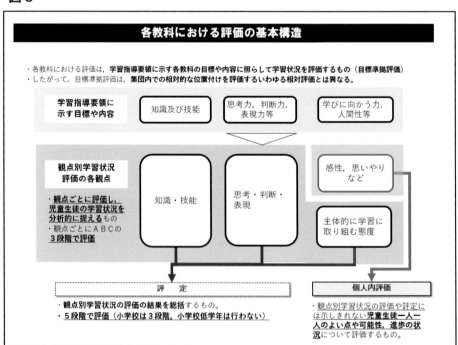

上記の，「各教科における評価の基本構造」を踏まえた3観点の評価それぞれについて

の考え方は，以下の（1）～（3）のとおりとなる。なお，この考え方は，外国語活動（小学校），総合的な学習の時間，特別活動においても同様に考えることができる。

（1）「知識・技能」の評価について

「知識・技能」の評価は，各教科等における学習の過程を通した知識及び技能の習得状況について評価を行うとともに，それらを既有の知識及び技能と関連付けたり活用したりする中で，他の学習や生活の場面でも活用できる程度に概念等を理解したり，技能を習得したりしているかについても評価するものである。

「知識・技能」におけるこのような考え方は，従前の「知識・理解」（各教科等において習得すべき知識や重要な概念等を理解しているかを評価），「技能」（各教科等において習得すべき技能を身に付けているかを評価）においても重視してきたものである。

具体的な評価の方法としては，ペーパーテストにおいて，事実的な知識の習得を問う問題と，知識の概念的な理解を問う問題とのバランスに配慮するなどの工夫改善を図るとともに，例えば，児童生徒が文章による説明をしたり，各教科等の内容の特質に応じて，観察・実験したり，式やグラフで表現したりするなど，実際に知識や技能を用いる場面を設けるなど，多様な方法を適切に取り入れていくことが考えられる。

（2）「思考・判断・表現」の評価について

「思考・判断・表現」の評価は，各教科等の知識及び技能を活用して課題を解決する等のために必要な思考力，判断力，表現力等を身に付けているかを評価するものである。

「思考・判断・表現」におけるこのような考え方は，従前の「思考・判断・表現」の観点においても重視してきたものである。「思考・判断・表現」を評価するためには，教師は「主体的・対話的で深い学び」の視点からの授業改善を通じ，児童生徒が思考・判断・表現する場面を効果的に設計した上で，指導・評価することが求められる。

具体的な評価の方法としては，ペーパーテストのみならず，論述やレポートの作成，発表，グループでの話合い，作品の制作や表現等の多様な活動を取り入れたり，それらを集めたポートフォリオを活用したりするなど評価方法を工夫することが考えられる。

（3）「主体的に学習に取り組む態度」の評価について

答申において「学びに向かう力，人間性等」には，①「主体的に学習に取り組む態度」として観点別学習状況の評価を通じて見取ることができる部分と，②観点別学習状況の評価や評定にはなじまず，こうした評価では示しきれないことから個人内評価を通じて見取る部分があることに留意する必要があるとされている。すなわち，②については観点別学習状況の評価の対象外とする必要がある。

「主体的に学習に取り組む態度」の評価に際しては，単に継続的な行動や積極的な発言を行うなど，性格や行動面の傾向を評価するということではなく，各教科等の「主体的に学習に取り組む態度」に係る観点の趣旨に照らして，知識及び技能を習得したり，

思考力，判断力，表現力等を身に付けたりするために，自らの学習状況を把握し，学習の進め方について試行錯誤するなど自らの学習を調整しながら，学ぼうとしているかどうかという意思的な側面を評価することが重要である。

　従前の「関心・意欲・態度」の観点も，各教科等の学習内容に関心をもつことのみならず，よりよく学ぼうとする意欲をもって学習に取り組む態度を評価するという考え方に基づいたものであり，この点を「主体的に学習に取り組む態度」として改めて強調するものである。

　本観点に基づく評価は，「主体的に学習に取り組む態度」に係る各教科等の評価の観点の趣旨に照らして，

①　知識及び技能を獲得したり，思考力，判断力，表現力等を身に付けたりすることに向けた粘り強い取組を行おうとしている側面

②　①の粘り強い取組を行う中で，自らの学習を調整しようとする側面

という二つの側面を評価することが求められる[2]。（図4参照）

　ここでの評価は，児童生徒の学習の調整が「適切に行われているか」を必ずしも判断するものではなく，学習の調整が知識及び技能の習得などに結び付いていない場合には，教師が学習の進め方を適切に指導することが求められる。

　具体的な評価の方法としては，ノートやレポート等における記述，授業中の発言，教師による行動観察や児童生徒による自己評価や相互評価等の状況を，教師が評価を行う際に考慮する材料の一つとして用いることなどが考えられる。

図4

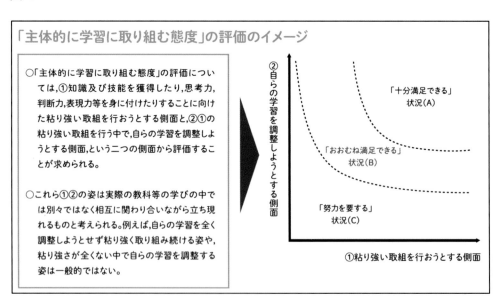

---

[2] これら①②の姿は実際の教科等の学びの中では別々ではなく相互に関わり合いながら立ち現れるものと考えられることから，実際の評価の場面においては，双方の側面を一体的に見取ることも想定される。例えば，自らの学習を全く調整しようとせず粘り強く取り組み続ける姿や，粘り強さが全くない中で自らの学習を調整する姿は一般的ではない。

なお，学習指導要領の「2　内容」に記載のない「主体的に学習に取り組む態度」の評価については，後述する第2章1（2）を参照のこと[3]。

5　改善等通知における特別の教科　道徳，外国語活動（小学校），総合的な学習の時間，特別活動の指導要録の記録

改善等通知においては，各教科の学習の記録とともに，以下の（1）～（4）の各教科等の指導要録における学習の記録について以下のように示されている。

（1）特別の教科　道徳について

中学校等については，改善等通知別紙2に，「道徳の評価については，28文科初第604号「学習指導要領の一部改正に伴う小学校，中学校及び特別支援学校小学部・中学部における児童生徒の学習評価及び指導要録の改善等について（通知）」に基づき，学習活動における生徒の学習状況や道徳性に係る成長の様子を個人内評価として文章で端的に記述する」こととされている（小学校等についても別紙1に同旨）。

（2）外国語活動について（小学校）

改善等通知には，「外国語活動の記録については，評価の観点を記入した上で，それらの観点に照らして，児童の学習状況に顕著な事項がある場合にその特徴を記入する等，児童にどのような力が身に付いたかを文章で端的に記述すること」とされている。また，「評価の観点については，設置者は，小学校学習指導要領等に示す外国語活動の目標を踏まえ，改善等通知別紙4を参考に設定する」こととされている。

（3）総合的な学習の時間について

中学校等については，改善等通知別紙2に，「総合的な学習の時間の記録については，この時間に行った学習活動及び各学校が自ら定めた評価の観点を記入した上で，それらの観点のうち，生徒の学習状況に顕著な事項がある場合などにその特徴を記入する等，生徒にどのような力が身に付いたかを文章で端的に記述すること」とされている。また，「評価の観点については，各学校において具体的に定めた目標，内容に基づいて別紙4を参考に定めること」とされている（小学校等についても別紙1に同旨）。

---

[3] 各教科等によって，評価の対象に特性があることに留意する必要がある。例えば，体育・保健体育科の運動に関する領域においては，公正や協力などを，育成する「態度」として学習指導要領に位置付けており，各教科等の目標や内容に対応した学習評価が行われることとされている。

（4）特別活動について

中学校等については，改善等通知別紙2に，「特別活動の記録については，各学校が自ら定めた特別活動全体に係る評価の観点を記入した上で，各活動・学校行事ごとに，評価の観点に照らして十分満足できる活動の状況にあると判断される場合に，○印を記入する」とされている。また，「評価の観点については，学習指導要領等に示す特別活動の目標を踏まえ，各学校において改善等通知別紙4を参考に定める。その際，特別活動の特質や学校として重点化した内容を踏まえ，例えば『主体的に生活や人間関係をよりよくしようとする態度』などのように，より具体的に定めることも考えられる。記入に当たっては，特別活動の学習が学校や学級における集団活動や生活を対象に行われるという特質に留意する」とされている（小学校等についても別紙1に同旨）。

なお，特別活動は学級担任以外の教師が指導する活動が多いことから，評価体制を確立し，共通理解を図って，児童生徒のよさや可能性を多面的・総合的に評価するとともに，確実に資質・能力が育成されるよう指導の改善に生かすことが求められる。

6　障害のある児童生徒の学習評価について

学習評価に関する基本的な考え方は，障害のある児童生徒の学習評価についても変わるものではない。

障害のある児童生徒については，特別支援学校等の助言又は援助を活用しつつ，個々の児童生徒の障害の状態や特性及び心身の発達の段階に応じた指導内容や指導方法の工夫を行い，その評価を適切に行うことが必要である。また，指導内容や指導方法の工夫については，学習指導要領の各教科の「指導計画の作成と内容の取扱い」の「指導計画作成上の配慮事項」の「障害のある児童生徒への配慮についての事項」についての学習指導要領解説も参考となる。

7　評価の方針等の児童生徒や保護者への共有について

学習評価の妥当性や信頼性を高めるとともに，児童生徒自身に学習の見通しをもたせるために，学習評価の方針を事前に児童生徒と共有する場面を必要に応じて設けることが求められており，児童生徒に評価の結果をフィードバックする際にも，どのような方針によって評価したのかを改めて児童生徒に共有することも重要である。

また，新学習指導要領下での学習評価の在り方や基本方針等について，様々な機会を捉えて保護者と共通理解を図ることが非常に重要である。

第2章　学習評価の基本的な流れ

1　各教科における評価規準の作成及び評価の実施等について

（1）目標と観点の趣旨との対応関係について

　　評価規準の作成に当たっては，各学校の実態に応じて目標に準拠した評価を行うために，「評価の観点及びその趣旨[4]」が各教科等の目標を踏まえて作成されていること，また同様に，「学年別（又は分野別）の評価の観点の趣旨[5]」が学年（又は分野）の目標を踏まえて作成されていることを確認することが必要である。

　　なお，「主体的に学習に取り組む態度」の観点は，教科等及び学年（又は分野）の目標の（3）に対応するものであるが，観点別学習状況の評価を通じて見取ることができる部分をその内容として整理し，示していることを確認することが必要である。（図5，6参照）

図5

【学習指導要領「教科の目標」】

学習指導要領　各教科等の「第1　目標」

（1）	（2）	（3）
（知識及び技能に関する目標）	（思考力，判断力，表現力等に関する目標）	（学びに向かう力，人間性等に関する目標）[6]

【改善等通知「評価の観点及びその趣旨」】

改善等通知　別紙4　評価の観点及びその趣旨

観点	知識・技能	思考・判断・表現	主体的に学習に取り組む態度
趣旨	（知識・技能の観点の趣旨）	（思考・判断・表現の観点の趣旨）	（主体的に学習に取り組む態度の観点の趣旨）

---

[4] 各教科等の学習指導要領の目標の規定を踏まえ，観点別学習状況の評価の対象とするものについて整理したものが教科等の観点の趣旨である。

[5] 各学年（又は分野）の学習指導要領の目標を踏まえ，観点別学習状況の評価の対象とするものについて整理したものが学年別（又は分野別）の観点の趣旨である。

[6] 学びに向かう力，人間性等に関する目標には，個人内評価として実施するものも含まれている。（P.8 図3参照）※学年（又は分野）の目標についても同様である。

図6

【学習指導要領「学年（又は分野）の目標」】

学習指導要領　各教科等の「第2　各学年の目標及び内容」の学年ごとの「1　目標」

(1)	(2)	(3)
（知識及び技能に関する目標）	（思考力，判断力，表現力等に関する目標）	（学びに向かう力，人間性等に関する目標）

【改善等通知　別紙4「学年別（又は分野別）の評価の観点の趣旨」】

観点	知識・技能	思考・判断・表現	主体的に学習に取り組む態度
趣旨	（知識・技能の観点の趣旨）	（思考・判断・表現の観点の趣旨）	（主体的に学習に取り組む態度の観点の趣旨）

（2）「内容のまとまりごとの評価規準」とは

　　本参考資料では，評価規準の作成等について示す。具体的には，学習指導要領の規定から「内容のまとまりごとの評価規準」を作成する際の手順を示している。ここでの「内容のまとまり」とは，学習指導要領に示す各教科等の「第2　各学年の目標及び内容　2　内容」の項目等をそのまとまりごとに細分化したり整理したりしたものである[7]。平成29年改訂学習指導要領においては資質・能力の三つの柱に基づく構造化が行われたところであり，基本的には，学習指導要領に示す各教科等の「第2　各学年（分野）の目標及び内容」の「2　内容」において[8]，「内容のまとまり」ごとに育成を目指す資質・

[7] 各教科等の学習指導要領の「第3　指導計画の作成と内容の取扱い」1(1)に「単元（題材）などの内容や時間のまとまり」という記載があるが，この「内容や時間のまとまり」と，本参考資料における「内容のまとまり」は同義ではないことに注意が必要である。前者は，主体的・対話的で深い学びを実現するため，主体的に学習に取り組めるよう学習の見通しを立てたり学習したことを振り返ったりして自身の学びや変容を自覚できる場面をどこに設定するか，対話によって自分の考えなどを広げたり深めたりする場面をどこに設定するか，学びの深まりをつくりだすために，児童生徒が考える場面と教師が教える場面をどのように組み立てるか，といった視点による授業改善は，1単位時間の授業ごとに考えるのではなく，単元や題材などの一定程度のまとまりごとに検討されるべきであることが示されたものである。後者（本参考資料における「内容のまとまり」）については，本文に述べるとおりである。

[8] 小学校家庭においては，「第2　各学年の内容」，「1　内容」，小学校外国語・外国語活動，中学校外国語においては，「第2　各言語の目標及び内容等」，「1　目標」である。

能力が示されている。このため,「2　内容」の記載はそのまま学習指導の目標となりうるものである[9]。学習指導要領の目標に照らして観点別学習状況の評価を行うに当たり,児童生徒が資質・能力を身に付けた状況を表すために,「2　内容」の記載事項の文末を「〜すること」から「〜している」と変換したもの等を,本参考資料において「内容のまとまりごとの評価規準」と呼ぶこととする[10]。

　ただし,「主体的に学習に取り組む態度」に関しては,特に,児童生徒の学習への継続的な取組を通して現れる性質を有すること等から[11],「2　内容」に記載がない[12]。そのため,各学年（又は分野）の「1　目標」を参考にしつつ,必要に応じて,改善等通知別紙4に示された学年（又は分野）別の評価の観点の趣旨のうち「主体的に学習に取り組む態度」に関わる部分を用いて「内容のまとまりごとの評価規準」を作成する必要がある。

　なお,各学校においては,「内容のまとまりごとの評価規準」の考え方を踏まえて,学習評価を行う際の評価規準を作成する。

（3）「内容のまとまりごとの評価規準」を作成する際の基本的な手順

　各教科における,「内容のまとまりごとの評価規準」を作成する際の基本的な手順は以下のとおりである。

　学習指導要領に示された教科及び学年（又は分野）の目標を踏まえて,「評価の観点及びその趣旨」が作成されていることを理解した上で,

①　各教科における「内容のまとまり」と「評価の観点」との関係を確認する。

②　【観点ごとのポイント】を踏まえ,「内容のまとまりごとの評価規準」を作成する。

---

[9]　「2　内容」において示されている指導事項等を整理することで「内容のまとまり」を構成している教科もある。この場合は,整理した資質・能力をもとに,構成された「内容のまとまり」に基づいて学習指導の目標を設定することとなる。また,目標や評価規準の設定は,教育課程を編成する主体である各学校が,学習指導要領に基づきつつ児童生徒や学校,地域の実情に応じて行うことが必要である。

[10]　小学校家庭,中学校技術・家庭（家庭分野）については,学習指導要領の目標及び分野の目標の（2）に思考力・判断力・表現力等の育成に係る学習過程が記載されているため,これらを踏まえて「内容のまとまりごとの評価規準」を作成する必要がある。

[11]　各教科等の特性によって単元や題材など内容や時間のまとまりはさまざまであることから,評価を行う際は,それぞれの実現状況が把握できる段階について検討が必要である。

[12]　各教科等によって,評価の対象に特性があることに留意する必要がある。例えば,体育・保健体育科の運動に関する領域においては,公正や協力などを,育成する「態度」として学習指導要領に位置付けており,各教科等の目標や内容に対応した学習評価が行われることとされている。

①，②については，第2編において詳述する。同様に，【観点ごとのポイント】についても，第2編に各教科等において示している。

（4）評価の計画を立てることの重要性

学習指導のねらいが児童生徒の学習状況として実現されたかについて，評価規準に照らして観察し，毎時間の授業で適宜指導を行うことは，育成を目指す資質・能力を児童生徒に育むためには不可欠である。その上で，評価規準に照らして，観点別学習状況の評価をするための記録を取ることになる。そのためには，いつ，どのような方法で，児童生徒について観点別学習状況を評価するための記録を取るのかについて，評価の計画を立てることが引き続き大切である。

毎時間児童生徒全員について記録を取り，総括の資料とするために蓄積することは現実的ではないことからも，児童生徒全員の学習状況を記録に残す場面を精選し，かつ適切に評価するための評価の計画が一層重要になる。

（5）観点別学習状況の評価に係る記録の総括

適切な評価の計画の下に得た，児童生徒の観点別学習状況の評価に係る記録の総括の時期としては，単元（題材）末，学期末，学年末等の節目が考えられる。

総括を行う際，観点別学習状況の評価に係る記録が，観点ごとに複数ある場合は，例えば，次のような方法が考えられる。

- **評価結果のＡ，Ｂ，Ｃの数を基に総括する場合**

　何回か行った評価結果のＡ，Ｂ，Ｃの数が多いものが，その観点の学習の実施状況を最もよく表現しているとする考え方に立つ総括の方法である。例えば，3回評価を行った結果が「ＡＢＢ」ならばＢと総括することが考えられる。なお，「ＡＡＢＢ」の総括結果をＡとするかＢとするかなど，同数の場合や三つの記号が混在する場合の総括の仕方をあらかじめ各学校において決めておく必要がある。

- **評価結果のＡ，Ｂ，Ｃを数値に置き換えて総括する場合**

　何回か行った評価結果Ａ，Ｂ，Ｃを，例えばＡ＝3，Ｂ＝2，Ｃ＝1のように数値によって表し，合計したり平均したりする総括の方法である。例えば，総括の結果をＢとする範囲を［2.5≧平均値≧1.5］とすると，「ＡＢＢ」の平均値は，約2.3［（3＋2＋2）÷3］で総括の結果はＢとなる。

なお，評価の各節目のうち特定の時点に重きを置いて評価を行う場合など，この例のような平均値による方法以外についても様々な総括の方法が考えられる。

（6）観点別学習状況の評価の評定への総括

評定は，各教科の観点別学習状況の評価を総括した数値を示すものである。評定は，児童生徒がどの教科の学習に望ましい学習状況が認められ，どの教科の学習に課題が

認められるのかを明らかにすることにより，教育課程全体を見渡した学習状況の把握と指導や学習の改善に生かすことを可能とするものである。

評定への総括は，学期末や学年末などに行われることが多い。学年末に評定へ総括する場合には，学期末に総括した評定の結果を基にする場合と，学年末に観点ごとに総括した結果を基にする場合が考えられる。

観点別学習状況の評価の評定への総括は，各観点の評価結果をＡ，Ｂ，Ｃの組合せ，又は，Ａ，Ｂ，Ｃを数値で表したものに基づいて総括し，その結果を小学校では３段階，中学校では５段階で表す。

Ａ，Ｂ，Ｃの組合せから評定に総括する場合，各観点とも同じ評価がそろう場合は，小学校については，「ＢＢＢ」であれば２を基本としつつ，「ＡＡＡ」であれば３，「ＣＣＣ」であれば１とするのが適当であると考えられる。中学校については，「ＢＢＢ」であれば３を基本としつつ，「ＡＡＡ」であれば５又は４，「ＣＣＣ」であれば２又は１とするのが適当であると考えられる。それ以外の場合は，各観点のＡ，Ｂ，Ｃの数の組合せから適切に評定することができるようあらかじめ各学校において決めておく必要がある。

なお，観点別学習状況の評価結果は，「十分満足できる」状況と判断されるものをＡ，「おおむね満足できる」状況と判断されるものをＢ，「努力を要する」状況と判断されるものをＣのように表されるが，そこで表された学習の実現状況には幅があるため，機械的に評定を算出することは適当ではない場合も予想される。

また，評定は，小学校については，小学校学習指導要領等に示す各教科の目標に照らして，その実現状況を「十分満足できる」状況と判断されるものを３，「おおむね満足できる」状況と判断されるものを２，「努力を要する」状況と判断されるものを１，中学校については，中学校学習指導要領等に示す各教科の目標に照らして，その実現状況を「十分満足できるもののうち，特に程度が高い」状況と判断されるものを５，「十分満足できる」状況と判断されるものを４，「おおむね満足できる」状況と判断されるものを３，「努力を要する」状況と判断されるものを２，「一層努力を要する」状況と判断されるものを１という数値で表される。しかし，この数値を児童生徒の学習状況について三つ（小学校）又は五つ（中学校）に分類したものとして捉えるのではなく，常にこの結果の背景にある児童生徒の具体的な学習の実現状況を思い描き，適切に捉えることが大切である。評定への総括に当たっては，このようなことも十分に検討する必要がある[13]。

なお，各学校では観点別学習状況の評価の観点ごとの総括及び評定への総括の考え

---

[13] 改善等通知では，「評定は各教科の学習の状況を総括的に評価するものであり，『観点別学習状況』において掲げられた観点は，分析的な評価を行うものとして，各教科の評定を行う場合において基本的な要素となるものであることに十分留意する。その際，評定の適切な決定方法等については，各学校において定める。」と示されている。（P.7，8参照）

方や方法について，教師間で共通理解を図り，児童生徒及び保護者に十分説明し理解を得ることが大切である。

2　総合的な学習の時間における評価規準の作成及び評価の実施等について
（1）総合的な学習の時間の「評価の観点」について

　平成29年改訂学習指導要領では，各教科等の目標や内容を「知識及び技能」，「思考力，判断力，表現力等」，「学びに向かう力，人間性等」の資質・能力の三つの柱で再整理しているが，このことは総合的な学習の時間においても同様である。

　総合的な学習の時間においては，学習指導要領が定める目標を踏まえて各学校が目標や内容を設定するという総合的な学習の時間の特質から，各学校が観点を設定するという枠組みが維持されている。一方で，各学校が目標や内容を定める際には，学習指導要領において示された以下について考慮する必要がある。

> 【各学校において定める目標】
> ・　各学校において定める目標については，各学校における教育目標を踏まえ，総合的な学習の時間を通して育成を目指す資質・能力を示すこと。　　　（第2の3(1)）

　総合的な学習の時間を通して育成を目指す資質・能力を示すとは，各学校における教育目標を踏まえて，各学校において定める目標の中に，この時間を通して育成を目指す資質・能力を，三つの柱に即して具体的に示すということである。

> 【各学校において定める内容】
> ・　探究課題の解決を通して育成を目指す具体的な資質・能力については，次の事項に配慮すること。
> ア　知識及び技能については，他教科等及び総合的な学習の時間で習得する知識及び技能が相互に関連付けられ，社会の中で生きて働くものとして形成されるようにすること。
> イ　思考力，判断力，表現力等については，課題の設定，情報の収集，整理・分析，まとめ・表現などの探究的な学習の過程において発揮され，未知の状況において活用できるものとして身に付けられるようにすること。
> ウ　学びに向かう力，人間性等については，自分自身に関すること及び他者や社会との関わりに関することの両方の視点を踏まえること。　　　（第2の3(6)）

　各学校において定める内容について，今回の改訂では新たに，「目標を実現するにふさわしい探究課題」，「探究課題の解決を通して育成を目指す具体的な資質・能力」の二つを定めることが示された。「探究課題の解決を通して育成を目指す具体的な資質・能力」とは，各学校において定める目標に記された資質・能力を，各探究課題に即して具体的に示したものであり，教師の適切な指導の下，児童生徒が各探究課題の解決に取り組む中で，育成することを目指す資質・能力のことである。この具体的な資質・能力も，「知識及び技能」，「思考力，判断力，表現力等」，「学びに向かう力，人間性等」という

資質・能力の三つの柱に即して設定していくことになる。

このように，各学校において定める目標と内容には，三つの柱に沿った資質・能力が明示されることになる。

したがって，資質・能力の三つの柱で再整理した新学習指導要領の下での指導と評価の一体化を推進するためにも，評価の観点についてこれらの資質・能力に関わる「知識・技能」，「思考・判断・表現」，「主体的に学習に取り組む態度」の３観点に整理し示したところである。

（２）総合的な学習の時間の「内容のまとまり」の考え方

学習指導要領の第２の２では，「各学校においては，第１の目標を踏まえ，各学校の総合的な学習の時間の内容を定める。」とされており，各教科のようにどの学年で何を指導するのかという内容を明示していない。これは，各学校が，学習指導要領が定める目標の趣旨を踏まえて，地域や学校，児童生徒の実態に応じて，創意工夫を生かした内容を定めることが期待されているからである。

この内容の設定に際しては，前述したように「目標を実現するにふさわしい探究課題」，「探究課題の解決を通して育成を目指す具体的な資質・能力」の二つを定めることが示され，探究課題としてどのような対象と関わり，その探究課題の解決を通して，どのような資質・能力を育成するのかが内容として記述されることになる。（図７参照）

図7

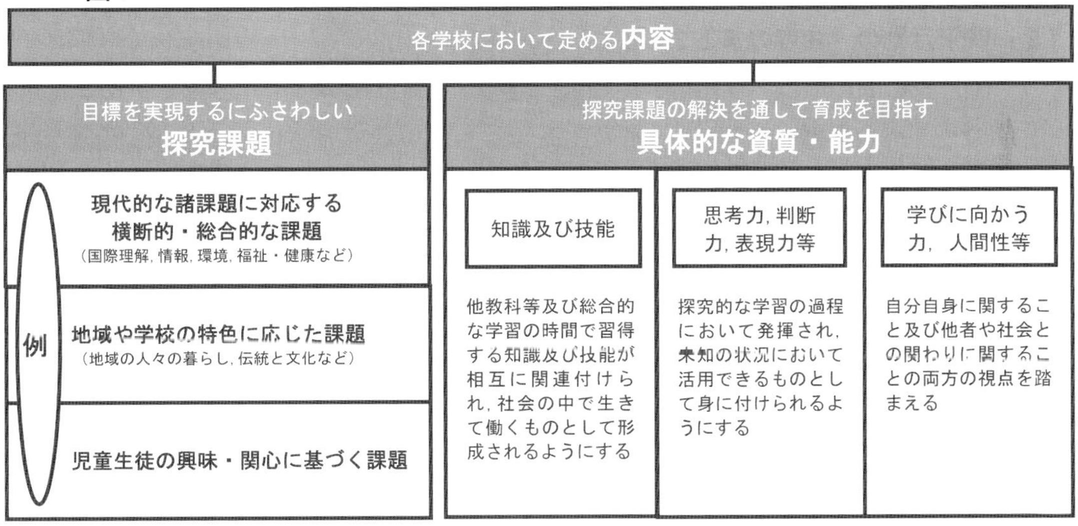

本参考資料第１編第２章の１（２）では，「内容のまとまり」について，「学習指導要領に示す各教科等の『第２　各学年の目標及び内容　２　内容』の項目等をそのまとまりごとに細分化したり整理したりしたもので，『内容のまとまり』ごとに育成を目指す資質・能力が示されている」と説明されている。

したがって，総合的な学習の時間における「内容のまとまり」とは，全体計画に示した「目標を実現するにふさわしい探究課題」のうち，一つ一つの探究課題とその探究課題に応じて定めた具体的な資質・能力と考えることができる。

（3）「内容のまとまりごとの評価規準」を作成する際の基本的な手順

総合的な学習の時間における，「内容のまとまりごとの評価規準」を作成する際の基本的な手順は以下のとおりである。

> ① 各学校において定めた目標（第2の1）と「評価の観点及びその趣旨」を確認する。

> ② 各学校において定めた内容の記述（「内容のまとまり」として探究課題ごとに作成した「探究課題の解決を通して育成を目指す具体的な資質・能力」）が，観点ごとにどのように整理されているかを確認する。

> ③【観点ごとのポイント】を踏まえ，「内容のまとまりごとの評価規準」を作成する。

3 特別活動の「評価の観点」とその趣旨，並びに評価規準の作成及び評価の実施等について

（1）特別活動の「評価の観点」とその趣旨について

特別活動においては，改善等通知において示されたように，特別活動の特質と学校の創意工夫を生かすということから，設置者ではなく，「各学校で評価の観点を定める」ものとしている。本参考資料では「評価の観点」とその趣旨の設定について示している。

（2）特別活動の「内容のまとまり」

小学校においては，学習指導要領の内容の〔学級活動〕「（1）学級や学校における生活づくりへの参画」，「（2）日常の生活や学習への適応と自己の成長及び健康安全」，「（3）一人一人のキャリア形成と自己実現」，〔児童会活動〕，〔クラブ活動〕，〔学校行事〕（1）儀式的行事，（2）文化的行事，（3）健康安全・体育的行事，（4）遠足・集団宿泊的行事，（5）勤労生産・奉仕的行事を「内容のまとまり」とした。

中学校においては，学習指導要領の内容の〔学級活動〕「（1）学級や学校における生活づくりへの参画」，「（2）日常の生活や学習への適応と自己の成長及び健康安全」，「（3）一人一人のキャリア形成と自己実現」，〔生徒会活動〕，〔学校行事〕（1）儀式的行事，（2）文化的行事，（3）健康安全・体育的行事，（4）旅行・集団宿泊的行事，（5）勤労生産・奉仕的行事を「内容のまとまり」とした。

（3）特別活動の「評価の観点」とその趣旨，並びに「内容のまとまりごとの評価規準」を作成する際の基本的な手順

各学校においては，学習指導要領に示された特別活動の目標及び内容を踏まえ，自校の実態に即し，改善等通知の例示を参考に観点を作成する。その際，例えば，特別活動の特質や学校として重点化した内容を踏まえて，具体的な観点を設定することが考えられる。

　また，学習指導要領解説では，各活動・学校行事の内容ごとに育成を目指す資質・能力が例示されている。そこで，学習指導要領で示された「各活動・学校行事の目標」及び学習指導要領解説で例示された「資質・能力」を確認し，各学校の実態に合わせて育成を目指す資質・能力を重点化して設定する。

　次に，各学校で設定した，各活動・学校行事で育成を目指す資質・能力を踏まえて，「内容のまとまりごとの評価規準」を作成する。その際，小学校の学級活動においては，学習指導要領で示した「各学年段階における配慮事項」や，学習指導要領解説に示した「発達の段階に即した指導のめやす」を踏まえて，低・中・高学年ごとに評価規準を作成することが考えられる。基本的な手順は以下のとおりである。

---

① 　学習指導要領の「特別活動の目標」と改善等通知を確認する。

② 　学習指導要領の「特別活動の目標」と自校の実態を踏まえ，改善等通知の例示を参考に，特別活動の「評価の観点」とその趣旨を設定する。

③ 　学習指導要領の「各活動・学校行事の目標」及び学習指導要領解説特別活動編（平成 29 年 7 月）で例示した「各活動・学校行事における育成を目指す資質・能力」を参考に，各学校において育成を目指す資質・能力を重点化して設定する。

④ 　【観点ごとのポイント】を踏まえ，「内容のまとまりごとの評価規準」を作成する。

（参考）平成23年「評価規準の作成，評価方法等の工夫改善のための参考資料」からの変更点について

　今回作成した本参考資料は，平成23年の「評価規準の作成，評価方法等の工夫改善のための参考資料」を踏襲するものであるが，以下のような変更点があることに留意が必要である[14]。

　まず，平成23年の参考資料において使用していた「評価規準に盛り込むべき事項」や「評価規準の設定例」については，報告において「現行の参考資料のように評価規準を詳細に示すのではなく，各教科等の特質に応じて，学習指導要領の規定から評価規準を作成する際の手順を示すことを基本とする」との指摘を受け，第2編において示すことを改め，本参考資料の第3編における事例の中で，各教科等の事例に沿った評価規準を例示したり，その作成手順等を紹介したりする形に改めている。

　次に，本参考資料の第2編に示す「内容のまとまりごとの評価規準」は，平成23年の「評価規準の作成，評価方法等の工夫改善のための参考資料」において示した「評価規準に盛り込むべき事項」と作成の手順を異にする。具体的には，「評価規準に盛り込むべき事項」は，平成20年改訂学習指導要領における各教科等の目標，各学年（又は分野）の目標及び内容の記述を基に，学習評価及び指導要録の改善通知で示している各教科等の評価の観点及びその趣旨，学年（又は分野）別の評価の観点の趣旨を踏まえて作成したものである。

　また，平成23年の参考資料では「評価規準に盛り込むべき事項」をより具体化したものを「評価規準の設定例」として示している。「評価規準の設定例」は，原則として，学習指導要領の各教科等の目標，学年（又は分野）別の目標及び内容のほかに，当該部分の学習指導要領解説（文部科学省刊行）の記述を基に作成していた。他方，本参考資料における「内容のまとまりごとの評価規準」については，平成29年改訂の学習指導要領の目標及び内容が育成を目指す資質・能力に関わる記述で整理されたことから，既に確認のとおり，そこでの「内容のまとまり」ごとの記述を，文末を変換するなどにより評価規準とすることを可能としており，学習指導要領の記載と表裏一体をなす関係にあると言える。

　さらに，「主体的に学習に取り組む態度」の「各教科等・各学年等の評価の観点の趣旨」についてである。前述のとおり，従前の「関心・意欲・態度」の観点から「主体的に学習に取り組む態度」の観点に改められており，「主体的に学習に取り組む態度」の観点に関しては各学年（又は分野）の「1　目標」を参考にしつつ，必要に応じて，改善等通知別紙4に示された学年（又は分野）別の評価の観点の趣旨のうち「主体的に学習に取り組む態度」に関わる部分を用いて「内容のまとまりごとの評価規準」を作成する必要がある。

---

[14] 特別活動については，これまでも三つの観点に基づいて児童生徒の資質・能力の育成を目指し，指導に生かしてきたところであり，上記の変更点に該当するものではないことに留意が必要である。

報告にあるとおり，「主体的に学習に取り組む態度」は，現行の「関心・意欲・態度」の観点の本来の趣旨であった，各教科等の学習内容に関心をもつことのみならず，よりよく学ぼうとする意欲をもって学習に取り組む態度を評価することを改めて強調するものである。また，本観点に基づく評価としては，「主体的に学習に取り組む態度」に係る各教科等の評価の観点の趣旨に照らし，

① 知識及び技能を獲得したり，思考力，判断力，表現力等を身に付けたりすることに向けた粘り強い取組を行おうとする側面と，

② ①の粘り強い取組を行う中で，自らの学習を調整しようとする側面，

という二つの側面を評価することが求められるとされた[15]。

以上の点から，今回の改善等通知で示した「主体的に学習に取り組む態度」の「各教科等・各学年等の評価の観点の趣旨」は，平成22年通知で示した「関心・意欲・態度」の「各教科等・各学年等の評価の観点の趣旨」から改められている。

---

[15] 各教科等によって，評価の対象に特性があることに留意する必要がある。例えば，体育・保健体育科の運動に関する領域においては，公正や協力などを，育成する「態度」として学習指導要領に位置付けており，各教科等の目標や内容に対応した学習評価が行われることとされている。

第2編

「内容のまとまりごとの評価規準」
を作成する際の手順

1　中学校社会科の「内容のまとまり」

中学校社会科における「内容のまとまり」は，以下のようになっている。

〔地理的分野〕

A	世界と日本の地域構成	(1)	地域構成
A	世界の様々な地域	(1)	世界各地の人々の生活と環境
B	世界の様々な地域	(2)	世界の諸地域
C	日本の様々な地域	(1)	地域調査の手法
C	日本の様々な地域	(2)	日本の地域的特色と地域区分
C	日本の様々な地域	(3)	日本の諸地域
C	日本の様々な地域	(4)	地域の在り方

〔歴史的分野〕

A	歴史との対話	(1)	私たちと歴史
A	歴史との対話	(2)	身近な地域の歴史
B	近世までの日本とアジア	(1)	古代までの日本
B	近世までの日本とアジア	(2)	中世の日本
B	近世までの日本とアジア	(3)	近世の日本
C	近現代の日本と世界	(1)	近代の日本と世界
C	近現代の日本と世界	(2)	現代の日本と世界

〔公民的分野〕

A	私たちと現代社会	(1)	私たちが生きる現代社会と文化の特色
A	私たちと現代社会	(2)	現代社会を捉える枠組み
B	私たちと経済	(1)	市場の働きと経済
B	私たちと経済	(2)	国民の生活と政府の役割
C	私たちと政治	(1)	人間の尊重と日本国憲法の基本的原則
C	私たちと政治	(2)	民主政治と政治参加
D	私たちと国際社会の諸課題	(1)	世界平和と人類の福祉の増大
D	私たちと国際社会の諸課題	(2)	よりよい社会を目指して

2 中学校社会科における「内容のまとまりごとの評価規準」作成の手順

ここでは，地理的分野 B(1)「世界各地の人々の生活と環境」を取り上げて，「内容のまとまりごとの評価規準」作成の手順を説明する。

まず，学習指導要領に示された教科及び分野の目標を踏まえて，「評価の観点及びその趣旨」が作成されていることを理解する。その上で，①及び②の手順を踏む。

＜例 地理的分野 B(1)「世界各地の人々の生活と環境」＞

【中学校学習指導要領 第2章 第2節 社会 「第1 目標」】

社会的な見方・考え方を働かせ，課題を追究したり解決したりする活動を通して，広い視野に立ち，グローバル化する国際社会に主体的に生きる平和で民主的な国家及び社会の形成者に必要な公民としての資質・能力の基礎を次のとおり育成することを目指す。

（1）	（2）	（3）
我が国の国土と歴史，現代の政治，経済，国際関係等に関して理解するとともに，調査や諸資料から様々な情報を効果的に調べまとめる技能を身に付けるようにする。	社会的事象の意味や意義，特色や相互の関連を多面的・多角的に考察したり，社会に見られる課題の解決に向けて選択・判断したりする力，思考・判断したことを説明したり，それらを基に議論したりする力を養う。	社会的事象について，よりよい社会の実現を視野に課題を主体的に解決しようとする態度を養うとともに，多面的・多角的な考察や深い理解を通して涵養される我が国の国土や歴史に対する愛情，国民主権を担う公民として，自国を愛し，その平和と繁栄を図ることや，他国や他国の文化を尊重することの大切さについての自覚などを深める。

（中学校学習指導要領 P. 41）

【改善等通知 別紙4 社会（1）評価の観点及びその趣旨 ＜中学校 社会＞】

知識・技能	思考・判断・表現	主体的に学習に取り組む態度
我が国の国土と歴史，現代の政治，経済，国際関係等に関して理解しているとともに，調査や諸資料から様々な情報を効果的に調べまとめている。	社会的事象の意味や意義，特色や相互の関連を多面的・多角的に考察したり，社会に見られる課題の解決に向けて選択・判断したり，思考・判断したことを説明したり，それらを基に議論したりしている。	社会的事象について，国家及び社会の担い手として，よりよい社会の実現を視野に課題を主体的に解決しようとしている。

（改善等通知 別紙4 P. 3）

【中学校学習指導要領 第２章 第２節　社会「第２　各分野の目標及び内容」

〔地理的分野〕　１　目標〕

　社会的事象の地理的な見方・考え方を働かせ，課題を追究したり解決したりする活動を通して，広い視野に立ち，グローバル化する国際社会に主体的に生きる平和で民主的な国家及び社会の形成者に必要な公民としての資質・能力の基礎を次のとおり育成することを目指す。

（１）	（２）	（３）
我が国の国土及び世界の諸地域に関して，地域の諸事象や地域的特色を理解するとともに，調査や諸資料から地理に関する様々な情報を効果的に調べまとめる技能を身に付けるようにする。	地理に関わる事象の意味や意義，特色や相互の関連を，位置や分布，場所，人間と自然環境との相互依存関係，空間的相互依存作用，地域などに着目して，多面的・多角的に考察したり，地理的な課題の解決に向けて公正に選択・判断したりする力，思考・判断したことを説明したり，それらを基に議論したりする力を養う。	日本や世界の地域に関わる諸事象について，よりよい社会の実現を視野にそこで見られる課題を主体的に追究，解決しようとする態度を養うとともに，多面的・多角的な考察や深い理解を通して涵養される我が国の国土に対する愛情，世界の諸地域の多様な生活文化を尊重しようとすることの大切さについての自覚などを深める。

（中学校学習指導要領 P. 41）

【改善等通知 別紙４　社会（２）学年・分野別の評価の観点の趣旨】

＜中学校　社会＞地理的分野〕

知識・技能	思考・判断・表現	主体的に学習に取り組む態度
我が国の国土及び世界の諸地域に関して，地域の諸事象や地域的特色を理解しているとともに，調査や諸資料から地理に関する様々な情報を効果的に調べまとめている。	地理に関わる事象の意味や意義，特色や相互の関連を，位置や分布，場所，人間と自然環境との相互依存関係，空間的相互依存作用，地域などに着目して，多面的・多角的に考察したり，地理的な課題の解決に向けて公正に選択・判断したり，思考・判断したことを説明したり，それらを基に議論したりしている。	日本や世界の地域に関わる諸事象について，国家及び社会の担い手として，よりよい社会の実現を視野にそこで見られる課題を主体的に追究，解決しようとしている。

（改善等通知　別紙４　P. 4）

① 各教科における「内容のまとまり」と「評価の観点」との関係を確認する。

内容のまとまり

B (1)「世界各地の人々の生活と環境」

内容

場所や人間と自然環境との相互依存関係などに着目して，課題を追究したり解決したりする活動を通して，次の事項を身に付けることができるよう指導する。

ア　次のような知識を身に付けること。

(ア) 人々の生活は，その生活が営まれる場所の自然及び社会的条件から影響を受けたり，その場所の自然及び社会的条件に影響を与えたりすることを理解すること。

(イ) 世界各地における人々の生活やその変容を基に，世界の人々の生活や環境の多様性を理解すること。その際，世界の主な宗教の分布についても理解すること。

イ　次のような思考力，判断力，表現力等を身に付けること。

(ア) 世界各地における人々の生活の特色やその変容の理由を，その生活が営まれる場所の自然及び社会的条件などに着目して多面的・多角的に考察し，表現すること。

（下線）…知識及び技能に関する内容

（波線）…思考力，判断力，表現力等に関する内容

---

②　【観点ごとのポイント】を踏まえ，「内容のまとまりごとの評価規準」を作成する。

（1）「内容のまとまりごとの評価規準」を作成する際の【観点ごとのポイント】

〔分野共通の留意事項〕

○「知識・技能」のポイント
- ・「知識」については，学習指導要領に示す「2　内容」の「知識」に関わる事項に示された「…理解すること」の記述を当てはめ，それを生徒が「…理解している」かどうかの学習状況として表すこととする。
- ・「技能」については，学習指導要領に示す「2　内容」の「技能」に関わる事項に示された「…身に付けること」の記述を当てはめ，それを生徒が「…身に付けている」かどうかの学習状況として表すこととする。ただし，「技能」については，学習指導要領の「内容のまとまり」（中項目）中に記載のあるもののみ，それを表している。

○「思考・判断・表現」のポイント
- ・「思考・判断・表現」については，学習指導要領に示す「2　内容」の「思考力，判断力，表現力等」に関わる事項に示された「…考察（，構想）し，表現すること」の記述を当てはめ，それを生徒が「…考察（，構想）し，表現している」かどうかの学習状況として表すこととする。

○「主体的に学習に取り組む態度」のポイント
- ・「主体的に学習に取り組む態度」については，学習指導要領に示す「2　内容」に「学びに向かう力，人間性等」に関わる事項が示されていないことから，「内容のまとまりごとの評価規準」を作成する場合，「分野別の評価の観点及びその趣旨」における「主体的に学習に取り組む態度」を基に，「内容のまとまりごとの評価規準」を作成する。
- ・その際，「評価の観点及びその趣旨」の冒頭に示された「…について」の部分は，この「内容のまとまり」で対象とする，学習指導要領上の「諸事象」を当てはめることとし，「よりよい社会の実現を視野にそこで見られる課題を主体的に追究（，解決）しようとしている（地理的分野・歴史的分野）」か，「現代社会に見られる課題の解決を視野に主体的に社会に関わろうとしている（公民的分野）」かどうかの学習状況として表すこととする。

〔各分野の留意事項〕

《地理的分野》《歴史的分野》
- ・「主体的に学習に取り組む態度」における「追究（，解決）しようとしている」部分の表現について，「思考・判断・表現」の「内容のまとまりごとの評価規準」に「構想」の語を記載した項目のみ「追究，解決しようとしている」と表現し，他は「追究しようとしている」と表現し，書き分けている。

《歴史的分野》
- ・「知識・技能」について，学習指導要領上の当該項目中に「自らが生活する地域や受け継がれてきた伝統や文化への関心をもって」との記載があるA（2）「身近な地域の歴史」のみ，それを「主体的に学習に取り組む態度」の対象として移動し，その冒頭に冠して表している。

《公民的分野》
・「思考・判断・表現」について，「2　内容」の各中項目の冒頭に「…に着目して」と示された視点を，それぞれの記載の文頭に冠して表している。(社会科のまとめとなるD(2)「よりよい社会を目指して」のみ，「社会的な見方・考え方を働かせ」を冠して表している。)

（2）学習指導要領の「2　内容」 及び 「内容のまとまりごとの評価規準（例）」

	知識及び技能	思考力，判断力，表現力等	学びに向かう力，人間性等
学習指導要領　2　内容	(ｱ) 人々の生活は，その生活が営まれる場所の自然及び社会的条件から影響を受けたり，その場所の自然及び社会的条件に影響を与えたりすることを理解すること。 (ｲ) 世界各地における人々の生活やその変容を基に，世界の人々の生活や環境の多様性を理解すること。その際，世界の主な宗教の分布についても理解すること。	(ｱ) 世界各地における人々の生活の特色やその変容の理由を，その生活が営まれる場所の自然及び社会的条件などに着目して多面的・多角的に考察し，表現すること。	※内容には，「学びに向かう力，人間性等」について関わる事項は示されていない。

	知識・技能	思考・判断・表現	主体的に学習に取り組む態度
内容のまとまりごとの評価規準　例	・人々の生活は，その生活が営まれる場所の自然及び社会的条件から影響を受けたり，その場所の自然及び社会的条件に影響を与えたりすることを理解している。 ・世界各地における人々の生活やその変容を基に，世界の人々の生活や環境の多様性を理解している。その際，世界の主な宗教の分布についても理解している。	・世界各地における人々の生活の特色やその変容の理由を，その生活が営まれる場所の自然及び社会的条件などに着目して多面的・多角的に考察し，表現している。	・世界各地の人々の生活と環境について，よりよい社会の実現を視野にそこで見られる課題を主体的に追究しようとしている。

第３編

単元ごとの学習評価について
（事例）

第1章　「内容のまとまりごとの評価規準」の考え方を踏まえた評価規準の作成

1　本編事例における学習評価の進め方について

　単元における観点別学習状況の評価を実施するに当たり，まずは年間の指導と評価の計画を確認することが重要である。その上で，学習指導要領の目標や内容，「内容のまとまりごとの評価規準」の考え方等を踏まえ，以下のように進めることが考えられる。なお，複数の単元にわたって評価を行う場合など，以下の方法によらない事例もあることに留意する必要がある。

評価の進め方	留意点
1 **単元の目標を作成する**	○　学習指導要領の目標や内容，学習指導要領解説等を踏まえて作成する。 ○　生徒の実態，前単元までの学習状況等を踏まえて作成する。 ※　単元の目標及び評価規準の関係性（イメージ）については下図参照
2 **単元の評価規準を作成する**	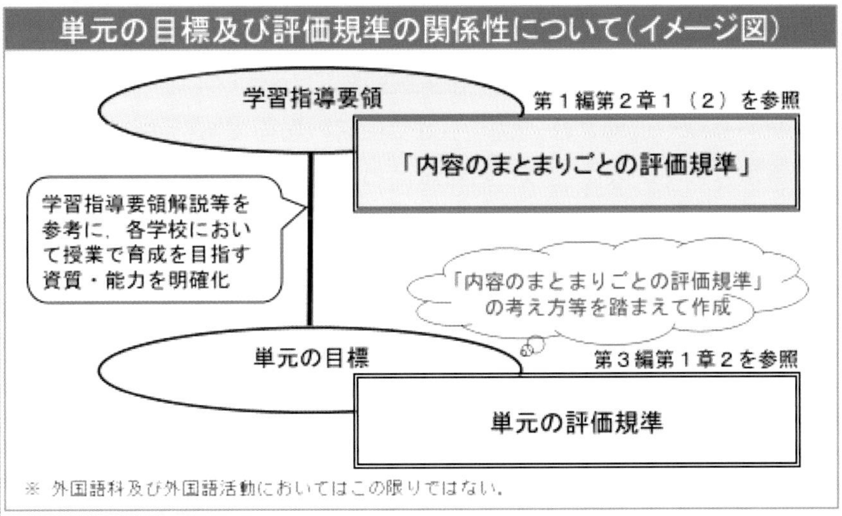
3 **「指導と評価の計画」を作成する**	○　1，2を踏まえ，評価場面や評価方法等を計画する。 ○　どのような評価資料（生徒の反応やノート，ワークシート，作品等）を基に，「おおむね満足できる」状況（B）と評価するかを考えたり，「努力を要する」状況（C）への手立て等を考えたりする。
授業を行う	○　3に沿って観点別学習状況の評価を行い，生徒の学習改善や教師の指導改善につなげる。
4 **観点ごとに総括する**	○　集めた評価資料やそれに基づく評価結果などから，観点ごとの総括的評価（A，B，C）を行う。

単元の目標及び評価規準の関係性について（イメージ図）

学習指導要領　　第1編第2章1（2）を参照

「内容のまとまりごとの評価規準」

学習指導要領解説等を参考に，各学校において授業で育成を目指す資質・能力を明確化

「内容のまとまりごとの評価規準」の考え方等を踏まえて作成

単元の目標　　第3編第1章2を参照

単元の評価規準

※　外国語科及び外国語活動においてはこの限りではない。

2 単元の評価規準の作成のポイント

（1）単元における各観点の評価規準作成の留意事項

　各学校で行われる評価計画の作成においては，「巻末資料」として後掲する「内容のまとまりごとの評価規準（例）」が「単元の評価規準」を作成するための基本形となる。ただし，その際にも，実際の授業に照らし合わせて，「単元の評価規準」を構成する各観点の評価規準をしっかりと吟味することが必要であり，その意味において，単元における各観点の評価規準の設定に当たっては，以下のような点に留意する必要がある。

① 「知識・技能」の観点の評価規準作成に当たっての留意事項
　中学校学習指導要領解説社会編（以下，「解説」という）には，平成20年版に続き平成29年版においても，基礎的・基本的な「知識及び技能」に関して，「系統性に留意しながら，主として，①社会の変化や科学技術の進展等に伴い，社会的な自立等の観点から子どもたちに指導することが必要な知識・技能，②確実な習得を図る上で，学校や学年間等であえて反復（スパイラル）することが効果的な知識・技能，等に限って，内容事項として加えることが適当である」との記載を行っている。

　さらに，平成29年版の学習指導要領改訂においては，学んだ内容が，既得の知識及び技能と関連付けながら深く理解され，他の学習や生活の場面でも活用できる「生きて働く」知識や技能となることが重視されている。このうち知識については，社会的事象等の特色や意味，理論などを含めた社会の中で汎用的に使うことのできる概念等に関わる知識を獲得するように学習を設計することが求められ，技能については，解説中に「参考資料3　社会的事象等について調べまとめる技能」として，身に付けるべき技能の例を整理したところである。

　これらのことを踏まえれば，単元の目標においても，その評価規準においても，細かな事象を羅列して求めることのないよう留意することが必要である。

② 「思考・判断・表現」の観点の評価規準作成に当たっての留意事項
　今回の改訂において，「社会的な見方・考え方」は資質・能力の育成全体に関わるものであるが，課題を追究したり解決したりする活動において，社会的事象等の意味や意義，特色や相互の関連を考察したり，社会に見られる課題を把握して，その解決に向けて構想したりする際の「視点や方法（考え方）」であることが説明されている。このことを踏まえれば，「社会的な見方・考え方」は，とりわけ「思考力，判断力，表現力等」の育成に当たって重要な役割を果たすものであると捉えられる。

　そこで，学習指導要領及びその解説に示された，分野等の特質に応じた視点の例や，視点を生かした考察や構想に向かう「問い」の例などを踏まえ，各単元において，それぞれの「見方・考え方」を視野に，具体的な「視点」等を組み込んだ評価規準を設定することが重要である。単元を見通した「問い」を設定し，「社会的な見方・考え方」を働かせることで，社会的事象等の意味や意義，特色や相互の関連等を考察したり，社会に見られる課題を把握して，その解決に向けて構想したりする学習を一層充実させることが可能となる。

③ 「主体的に学習に取り組む態度」の観点の評価規準作成に当たっての留意事項

　従前の学習指導要領から一貫して重視されてきた，課題の発見，解決のための「思考力，判断力，表現力等」の育成とも相まって，現実の社会的事象を扱うことのできる社会科ならではの「主権者として，持続可能な社会づくりに向かう社会参画意識の涵養やよりよい社会の実現を視野に課題を主体的に解決しようとする態度の育成（「②社会科の改訂の基本的な考え方」（ウ））」が必要である。

　ただし，従前の観点「関心・意欲・態度」については，中央教育審議会における平成22年版「児童生徒の学習評価の在り方について（報告）」において，「『関心・意欲・態度』については，表面的な状況のみに着目することにならないように留意するとともに，教科の特性や学習指導の内容等も踏まえつつ，ある程度長い区切りの中で適切な頻度で『おおむね満足できる』状況等にあるかどうかを評価するなどの工夫を行うことも重要である」とされていた。

　このことを踏まえれば，「関心・意欲・態度」の趣旨を継承する「主体的に学習に取り組む態度」についても，ある程度長い区切りの中で評価することが考えられ，単元を越えて評価規準を設定することも考えられる。

（2）「内容のまとまり」と「単元」の大小関係に着目した評価規準作成のポイント
（地理的分野を事例として）

　前項(1)や第2編2において既述のとおり，後掲する「内容のまとまりごとの評価規準（例）」は，「内容のまとまり」である，学習指導要領の各「中項目」の記載事項を基に作成されている。そして，この「内容のまとまり」ごとに作成した評価規準が，各校において実際に作成される各単元，各授業における評価規準を作成する際の基本形となる。社会科においては，原則としてこの「内容のまとまりごとの評価規準（例）」を基に，各分野の項目構成の特色を踏まえた上で，「単元の評価規準」を作成することになる。「単元の評価規準」の設定に当たっては，第1，2編で既述のとおり，それと表裏一体をなす「単元の目標」の設定が行われるが，これは自明のことでもあり，ここでは本資料が学習評価のための参考資料であるという性格上，紙幅の都合によりその記述は割愛している。

　なお，この項では，社会科における「内容のまとまり」と「単元」の大小関係に着目した評価規準作成のポイントについて，代表事例として地理的分野を例にとり，〔ケース1〕「内容のまとまり」を単元とする場合（下図B(1)），〔ケース2〕「内容のまとまり」の一部を単元とする場合（同C(3)④），〔ケース3〕「内容のまとまり」を超えて単元とする場合（同C(1)＋C(4)）の三つのケースに分けて，その作成の手順を記述する。

図　地理的分野における項目構成とケース1～3の位置付け

① ケース１；「『内容のまとまり』＝単元」とし，「内容のまとまりごとの評価規準（例）」を基に，「単元（授業）の評価規準」を作成する場合

　中学校社会科各分野は，いずれもその中項目をもって「内容のまとまり」とすることと整理された。そこで，「内容のまとまり」を一つの「単元」として設定する場合には，「内容のまとまりごとの評価規準（例）」を単元の評価規準として転記し，用いることが可能である。

　例えば，地理的分野のＢ(1)「世界各地の人々の生活と環境」を単元として設定した場合，「内容のまとまりごとの評価規準（例）」に示された次の記載をもって，評価規準とすることができる。

〔ケース１の事例〕

内容のまとまりごとの評価規準（例）　　〔Ｂ(1)「世界各地の人々の生活と環境」〕

知識・技能	思考・判断・表現	主体的に学習に取り組む態度
・人々の生活は，その生活が営まれる場所の自然及び社会的条件から影響を受けたり，その場所の自然及び社会的条件に影響を与えたりすることを理解している。 ・世界各地における人々の生活やその変容を基に，世界の人々の生活や環境の多様性を理解している。その際，世界の主な宗教の分布についても理解している。	・世界各地における人々の生活の特色やその変容の理由を，その生活が営まれる場所の自然及び社会的条件などに着目して多面的・多角的に考察し，表現している。	・世界各地の人々の生活と環境について，よりよい社会の実現を視野にそこで見られる課題を主体的に追究しようとしている。

　なお，「内容のまとまりごとの評価規準（例）」を「単元の評価規準」として使用する以外に，後掲する「事例１」などのように，「内容のまとまりごとの評価規準（例）」を踏まえつつ，学習指導要領解説等の記述を用いて具体的な「単元の評価規準」を設定することも考えられる。とりわけ社会科においては，その授業の性格上，各単元において取り扱う事象は，特定の社会的事象であり，そこで取り扱う主題や設定する問いも具体的な事象を基に設定されることが一般的である。このことから，そのような具体的な目標及び評価規準の設定も，指導と評価の一体化を促す一つの工夫として考えられる。

② ケース２；「『内容のまとまり』＞単元」とし，「内容のまとまりごとの評価規準（例）」を基に，その「内容のまとまり」を構成する幾つかの「単元」について評価規準を作成する場合

　例えば，地理的分野のＢ(2)「世界の諸地域」における各州，Ｃ(3)「日本の諸地域」における各地方など，「内容のまとまり」である中項目の下の①，②…といった小項目等について評価規準を作成する場合などがそれに当たる。また，それ以外にも，例えば，Ｂ(1)「世界各地の人々の生活と環境」において，その「内容」に示された「人々の生活は，その生活が営まれる場所の自然及び社会的条件から影響を受けたり，その場所の自然及び社会的条件に影響を与えたりすること」の理解を目指す学

習と，「世界各地における人々の生活やその変容を基に，世界の人々の生活や環境の多様性」の理解を目指す学習を，それぞれ独立した単元として設定するような場合にも，このケースが当てはまる。

このうち，地理的分野におけるＣ(3)「日本の諸地域」の「中国・四国地方」の「人口や都市・村落を中核」とした学習において評価規準を作成する場合には，次のとおり，日本の諸地域を対象とした「内容のまとまりごとの評価規準（例）」の記載事項を基に，それを細分しつつ具体化した「単元の評価規準」を設定することができる。

〔ケース２の事例〕

内容のまとまりごとの評価規準（例）　〔Ｃ(3)「日本の諸地域」〕

知識・技能	思考・判断・表現	主体的に学習に取り組む態度
・<u>幾つかに区分した日本のそれぞれの地域</u>について，その地域的特色や地域の課題を理解している。 ・<u>①から⑤までの考察の仕方</u>で取り上げた特色ある事象と，それに関連する他の事象や，そこで生ずる課題を理解している。	・<u>日本の諸地域</u>において，<u>それぞれ①から⑤までで扱う中核となる事象の成立条件</u>を，地域の広がりや地域内の結び付き，人々の対応などに着目して，他の事象やそこで生ずる課題と有機的に関連付けて多面的・多角的に考察し，表現している。	・<u>日本の諸地域</u>について，よりよい社会の実現を視野にそこで見られる課題を主体的に追究しようとしている。

新たに設定した単元の評価規準　〔Ｃ(3)「日本の諸地域」，小項目「中国・四国地方」〕

知識・技能	思考・判断・表現	主体的に学習に取り組む態度
・<u>中国・四国地方</u>について，その地域的特色や地域の課題を理解している。 ・<u>人口や都市・村落を中核とした考察の仕方</u>で取り上げた特色ある事象と，それに関連する他の事象や，そこで生ずる課題を理解している。	・<u>中国・四国地方</u>において，<u>人口や都市・村落を中核に設定した事象の成立条件</u>を，地域の広がりや地域内の結び付き，人々の対応などに着目して，他の事象やそこで生ずる課題と有機的に関連付けて多面的・多角的に考察し，表現している。	・<u>中国・四国地方</u>について，よりよい社会の実現を視野にそこで見られる課題を主体的に追究しようとしている。

注）下線部は，「内容のまとまりごとの評価規準（例）」の下線部を基に，細分しつつ具体化した部分

ただし，ここでの学習は，「内容のまとまり」である中項目を構成する一小項目であることから，後掲する「事例２」のように，この小項目で記録する観点別評価の観点を絞り，「主体的に学習に取り組む態度」の評価場面を精選するなどといったことも考えられる。なお，ここで示した「内容のまとまりごとの評価規準（例）」の記載事項を基に，それを「単元の評価規準」に細分しつつ具体化する手順は，さらに「小単元」を設定する場合や，各授業レベルでの評価規準に落とし込む場合においても適用されるものであり，一連の評価規準の具体化の手順においても用いられるものである。

③ ケース３；「内容のまとまり＜単元」とし，複数の「内容のまとまりごとの評価規準（例）」を基に，それを束ねる「単元」として「内容のまとまり」を越えて評価規準を作成する場合

単元は，学校，地域，生徒の実態等に応じて設定するため，場合によっては単元そのものを中項目よりも大きなまとまりを対象に設定することも考えられる。各観点のうち，「知識・技能」のうちの「知識」については，中項目ごとに習得させる知識があることが一般的であることから，多くの場合，「評定のための資料として用いる評価（以下，「評定に用いる評価」という）」を行わないことは考えにくいが，「知識・技能」のうちの「技能」や「思考・判断・表現」，「主体的に学習に取り組む態度」については，他の中項目と同様の評価規準が考えられる場合，評価場面を精選し，複数の中項目にまたがった単元構成及び評価場面設定をすることも考えられる。

例えば，地理的分野では，「内容の取扱い」にも例示された，Ｃ(1)「地域調査の手法」とＣ(4)「地域の在り方」において，それを結び付けて行う場合などが考えられ，以下に示したとおり，二つの中項目を一つの大きな「単元」とし，それぞれに示された評価規準を並列併記して設定することなどが考えられる。

〔ケース３の事例１〕

内容のまとまりごとの評価規準（例）　〔Ｃ(1)「地域調査の手法」〕

知識・技能	思考・判断・表現	主体的に学習に取り組む態度
・観察や野外調査，文献調査を行う際の視点や方法，地理的なまとめ方の基礎を理解している。 ・地形図や主題図の読図，目的や用途に適した地図の作成などの地理的技能を身に付けている。	・地域調査において，対象となる場所の特徴などに着目して，適切な主題や調査，まとめとなるように，調査の手法やその結果を多面的・多角的に考察し，表現している。	・地域調査の手法について，よりよい社会の実現を視野にそこで見られる課題を主体的に追究しようとしている。

内容のまとまりごとの評価規準（例）　〔Ｃ(4)「地域の在り方」〕

知識・技能	思考・判断・表現	主体的に学習に取り組む態度
・地域の実態や課題解決のための取組を理解している。 ・地域的な課題の解決に向けて考察，構想したことを適切に説明，議論しまとめる手法について理解している。	・地域の在り方を，地域の結び付きや地域の変容，持続可能性などに着目し，そこで見られる地理的な課題について多面的・多角的に考察，構想し，表現している。	・地域の在り方について，よりよい社会の実現を視野にそこで見られる課題を主体的に追究，解決しようとしている。

新たに設定した単元の評価規準　〔Ｃ(1)＋Ｃ(4)「地域調査の手法と地域の在り方」〕

知識・技能	思考・判断・表現	主体的に学習に取り組む態度
・観察や野外調査，文献調査を行う際の視点や方法，地理的なまとめ方の基礎を理解して	・地域調査において，対象となる場所の特徴などに着目して，適切な主題や調査，まとめとなる	・地域調査の手法について，よりよい社会の実現を視野にそこで見られる課題を主体的に追

いる。 ・地形図や主題図の読図,目的や用途に適した地図の作成などの地理的技能を身に付けている。	ように,調査の手法やその結果を多面的・多角的に考察し,表現している。	究しようとしている。
・地域の実態や課題解決のための取組を理解している。 ・地域的な課題の解決に向けて考察,構想したことを適切に説明,議論しまとめる手法について理解している。	・地域の在り方を,地域の結び付きや地域の変容,持続可能性などに着目し,そこで見られる地理的な課題について多面的・多角的に考察,構想し,表現している。	・地域の在り方について,よりよい社会の実現を視野にそこで見られる課題を主体的に追究,解決しようとしている。

　また,同じくC(1)「地域調査の手法」とC(4)「地域の在り方」を結び付けて行う場合,評価場面の精選という観点から,以下に示したとおり,「主体的に学習に取り組む態度」のみを併せて一つの評価規準として設定することなども考えられる。

　先の事例が中項目C(1)とC(4)を一連の学習活動として,あたかも一つの中項目と見なして評価対象とするのに対して,この場合,C(1)とC(4)はそれぞれが「内容のまとまり」である独立した評価対象であり,「知識・技能」,「思考・判断・表現」はそのままに,「主体的に学習に取り組む態度」のみをまとめて評価するものである。

〔ケース3の事例2〕

内容のまとまりごとの評価規準（例）　〔C(1)「地域調査の手法」〕

知識・技能	思考・判断・表現	主体的に学習に取り組む態度
《省略》	《省略》	《省略》

内容のまとまりごとの評価規準（例）　〔C(4)「地域の在り方」〕

知識・技能	思考・判断・表現	主体的に学習に取り組む態度
《省略》	《省略》	《省略》

新たに設定した単元の評価規準　〔C(1)「地域調査の手法」・C(4)「地域の在り方」〕

	知識・技能	思考・判断・表現	主体的に学習に取り組む態度
中項目(1)	《省略》	《省略》	・地域調査を踏まえ,地域の在り方について,よりよい社会の実現を視野にそこで見られる課題を主体的に追究,解決しようとしている。
中項目(4)	《省略》	《省略》	

地理的分野において「主体的に学習に取り組む態度」の評価場面を減じる，このような考え方に基づけば，例えば，次の図のように，複数の「内容のまとまり」にまたがった評価規準を設定することなども考えられる。

A (1) 地域構成	B (1) 世界各地の人々の生活と環境	B (2) 世界の諸地域	C (1) 地域調査の手法	C (2) 日本の地域的特色と地域区分	C (3) 日本の諸地域	C (4) 地域の在り方
1回目	B (2)とともに	2回目	C (4)とともに	3回目	4回目	5回目

図　「主体的に学習に取り組む態度」に関して，複数の「内容のまとまり」（中項目）にまたがって評価することで，評価場面を減じた例
　　　　　　　　　　　　　　　　　　　　　　（上段；項目番号及び中項目名，下段；評価場面の累積数）

　すなわち，ここではB (1)「世界各地の人々の生活と環境」とB (2)「世界の諸地域」とにまたがって「世界の諸地域と人々の生活と環境について，…しようとしている」かどうかを評価することになり，また，C (1)「地域調査の手法」とC (4)「地域の在り方」とにまたがって「地域調査を踏まえた地域の在り方について，…しようとしている」かどうかを評価することになる。この場合，地理的分野の「内容のまとまり」である中項目の数だけあった「評定に用いる評価」場面の7回を，5回に割愛，精選することができる。（ただし，このことをもって「評定のための資料としては用いないものの日常の学習改善につなげる評価（以下，「学習改善につなげる評価」という）」まで割愛，精選することを意味するものではない。）

　また，上記の**ケース1～3**の事例の他に，後掲する各分野の「内容のまとまりごとの評価規準（例）」の一覧表上では，「知識・技能」中の「技能」に関して，学習指導要領の各中項目に記載のあるもののみそれを表し，他の中項目では割愛していることに留意する必要がある。そのため，一覧表上の「内容のまとまり」において「技能」についての記載がない中項目もあるが，各分野の「内容の取扱い」において記載されている事項や，学習指導要領解説の巻末に「参考資料3」として示された「社会的事象等について調べまとめる技能」等を参考に，「技能」自体の系統性や生徒自身の習熟を考慮した上で，適宜適切な形で評価場面を設定することが必要となる。

第2章　学習評価に関する事例について

1　事例の特徴

　第1編第1章2（4）で述べた学習評価の改善の基本的な方向性を踏まえつつ，平成29年改訂学習指導要領の趣旨・内容の徹底に資する評価の事例を示すことができるよう，本参考資料における事例は，原則として以下のような方針を踏まえたものとしている。

○　単元に応じた評価規準の設定から評価の総括までとともに，生徒の学習改善及び教師の指導改善までの一連の流れを示している

　　本参考資料で提示する事例は，いずれも，単元の評価規準の設定から評価の総括までとともに，評価結果を生徒の学習改善や教師の指導改善に生かすまでの一連の学習評価の流れを念頭においたものである（事例の一つは，この一連の流れを特に詳細に示している）。なお，観点別の学習状況の評価については，「おおむね満足できる」状況，「十分満足できる」状況，「努力を要する」状況と判断した生徒の具体的な状況の例などを示している。「十分満足できる」状況という評価になるのは，生徒が実現している学習の状況が質的な高まりや深まりをもっていると判断されるときである。

○　観点別の学習状況について評価する時期や場面の精選について示している

　　報告や改善等通知では，学習評価については，日々の授業の中で生徒の学習状況を適宜把握して指導の改善に生かすことに重点を置くことが重要であり，観点別の学習状況についての評価は，毎回の授業ではなく原則として単元や題材など内容や時間のまとまりごとに，それぞれの実現状況を把握できる段階で行うなど，その場面を精選することが重要であることが示された。このため，観点別の学習状況について評価する時期や場面の精選について，「指導と評価の計画」の中で，具体的に示している。

○　評価方法の工夫を示している

　　生徒の反応やノート，ワークシート，作品等の評価資料をどのように活用したかなど，評価方法の多様な工夫について示している。

2 各事例概要一覧と事例

　前掲する第2章1の「〇　観点別の学習状況について評価する時期や場面の精選について示している」にも示すように，本参考資料の第2章以降が，一義的に「学習評価の基本的流れ」を示すものであることから，以下の 事例1 ～ 事例6 については，「評定に用いる評価」を念頭に「評価規準」として示している。このため，事例によっては「学習改善につなげる評価」は，紙幅の関係もあって参考例を記載するに留めているが，「学習改善につなげる評価」自体は，授業中における生徒の反応に対して常時心掛けるべき「指導」でもあり，「指導と評価の一体化」の趣旨に留意することが必要である。

 事例1 　キーワード　評価方法の工夫～思考力等を問うペーパーテストの工夫改善～
「世界各地の人々の生活と環境」（地理的分野　B(1)「世界各地の人々の生活と環境」）
　この単元では，「児童生徒の学習評価の在り方について（報告）」における「知識の習得を問う問題と，知識の概念的な理解を問う問題とのバランスに配慮したペーパーテストの工夫改善」という課題を踏まえ，このうちの「知識の概念的な理解」に至る過程で働かせる思考力に着目し，ペーパーテストの工夫改善に向けた一試案を示すこととした。また，「評価問題の活用と評価の進め方」として，社会的事象の規則性，傾向性の獲得を目指した問題の在り方，問題の活用例としての誤答分析の仕方などに加え，問題の改善（ブラッシュアップ）について示すこととした。

 事例2 　キーワード　評価場面の精選～重点化と系統化～
「中国・四国地方　～人口や都市・村落を中核として～」（地理的分野　C(3)②「人口や都市・村落を中核とした考察の仕方」）
　ここでは，C(3)「日本の諸地域」における「人口や都市・村落を中核とした考察の仕方」を踏まえた「中国・四国地方」の小項目を単元として設定している。「日本の諸地域」では，それを地域に細分して動態地誌的に扱うが，地域区分の仕方やそれぞれの考察の仕方等によって，小項目ごとに重視すべき評価の観点を絞り込むことが考えられる。また，それらを束ねる単元である中項目全体を通して，生徒の地誌学習に対する習熟が高まり，同じ観点の評価規準でも，求める水準が高まっていくことが考えられる。よってここでは，「内容のまとまり」である中項目を単元とした評価計画を 単元計画1 として併せて示すことで，設定される評価の重点化と系統化の考え方を示すこととした。

 事例3 　キーワード　大きな単元構成による指導と評価の計画
「近世の日本」（歴史的分野　B(3)「近世の日本」他）
　歴史的分野では，「内容のまとまり」となる中項目が，学習における大きな単元として機能し，評価においても一つのまとまりをもって構成されている。そこでは「知識・技能」と「思考・判断・表現」それぞれの観点が，相互に関連をもちつつ「小単元」の学習ごとに評価の場面が設定されることや，「主体的に学習に取り組む態度」について，中項目を通した長期的な学習の視点に立って評価を行うことなどが考えられる。併せて，C(2)イ(ウ)の「構想」を行う学習の事例も含め，中項目を大きな単元構成とした学習指導と，それに沿った評価の在り方について示し，この分野の基本的な評価の構造を示すこととした。

事例4　キーワード　複数の項目を統合した単元の評価

「明治維新と近代国家の形成」（歴史的分野　A(2)「身近な地域の歴史」及びC(1)「近代の日本と世界」）

　歴史的分野A(2)「身近な地域の歴史」は，その「内容の取扱い」において，「内容のB以下の学習と関わらせて計画的に実施」することが示されている。ここでは，A(2)「身近な地域の歴史」とC(1)「近代の日本と世界」ア(イ)を合わせて一つの「小単元」として設定した事例を示し，A(2)とC(1)ア(イ)のそれぞれの評価規準を合わせて示した事例を示すこととした。なお，A(2)とC(1)ア(オ)の一部を合わせた「小単元」の一部も示し，ワークシートやペーパーテストの活用例を併せて掲載することで，具体的な評価の在り方についての参考事例として示すこととした。

事例5　キーワード　指導と評価の計画から評価の総括まで

「民主政治と政治参加」（公民的分野　C(2)「民主政治と政治参加」）

　公民的分野では，いずれの事例でも「内容のまとまり」を単元として設定している。今次改訂で再整理された，「知識及び技能」，「思考力，判断力，表現力等」，「学びに向かう力，人間性等」の資質・能力がバランスよく育まれるよう，20時間あまりの本単元の学習を事例として，三つの観点の評価を行う場面の精選と観点ごとの評価の総括について示すこととした。

事例6　キーワード　「主体的に学習に取り組む態度」の評価

「世界平和と人類の福祉の増大」（公民的分野　D(1)「世界平和と人類の福祉の増大」）

　新たな観点として設定された「主体的に学習に取り組む態度」は，生涯にわたり学習する基盤を形成することに資するものであり，それぞれの教科等において，自らの学習状況を把握し，学習の進め方について試行錯誤するなど自らの学習を調整しながら学ぼうとしているかどうかという意思的な側面を評価するものである。本単元の学習を事例として，「主体的に学習に取り組む態度」の評価規準及び評価方法などについて示すこととした。

社会科（地理的分野）　　　事例1

キーワード　評価方法の工夫～思考力等を問うペーパーテストの工夫改善～

単元名
世界各地の人々の生活と環境

内容のまとまり
Ｂ世界の様々な地域
(1)世界各地の人々の生活と環境

1　単元の目標

- 人々の生活は，その生活が営まれる場所の気温や降水量，標高などの自然的条件及び，宗教や歴史的背景，科学技術の発展などの社会的条件から影響を受けたり，その場所の自然及び社会的条件に影響を与えたりすることを理解する。
- 世界各地における人々の生活やその変容を基に，世界の人々の生活や環境の多様性とともに，世界の主な宗教の分布について理解する。
- 「なぜ世界各地では人々の生活に多様な特色が見られるのか。また，なぜそれは変容するのか」を，その生活が営まれる場所の自然及び社会的条件などに着目して多面的・多角的に考察し，表現する。
- 世界各地の人々の生活と環境について，よりよい社会の実現を視野に各地の人々の生活の特色やその変容の理由を，主体的に追究しようとする態度を養う。

2　単元の評価規準

知識・技能	思考・判断・表現	主体的に学習に取り組む態度
・人々の生活は，その生活が営まれる場所の気温や降水量，標高などの自然的条件及び，宗教や歴史的背景，科学技術の発展などの社会的条件から影響を受けたり，その場所の自然及び社会的条件に影響を与えたりすることを理解している。 ・世界各地における人々の生活やその変容を基に，世界の人々の生活や環境の多様性とともに，世界の主な宗教の分布について理解している。	・「なぜ世界各地では人々の生活に多様な特色が見られるのか。また，なぜそれは変容するのか」を，その生活が営まれる場所の自然及び社会的条件などに着目して多面的・多角的に考察し，表現している。	・世界各地の人々の生活と環境について，よりよい社会の実現を視野に各地の人々の生活の特色やその変容の理由を，主体的に追究しようとしている。

3　指導と評価の計画（8時間）　　　（○…「評定に用いる評価」，●…「学習改善につなげる評価」）

	ねらい・学習活動	知	思	態	評価規準（・評価方法）
単元の導入	①【ねらい】景観写真を読みとる技能を高めるとともに，世界には日本と異なる衣食住などの生活の様子が見られることに気づき，なぜそのような違いが見られるのかを予想する。				
	・単元で登場する各地の人々の生活の様子を表すいくつかの景観写真から，気付くことや疑問を出し合い，ワークシートに記述するとともに，単元の学習の見通し			●	●場所などの視点に着目して，世界各地では，日本と異なる多様な生活の様子が見られることから，問いを見いだしたり予想したりしている。

（1時間扱）	をもつ。	●技		●景観写真を用いて気候の特色をつかむ技能を身に付けている。

【学習課題；単元を貫く問い】 「なぜ世界各地では人々の生活に多様な特色が見られるのか。また，なぜそれは変容するのか」

第一次（3時間扱）

Step.1　山岳地域と島嶼地域

②-1【ねらい】太平洋上の島々に居住する人々の生活を例に，自然環境の影響を受けた生活の様子が見られることを考察する。 〔自然環境の影響を受けた生活〕

・景観写真や雨温図等を用いて，気候の特色をつかむ技能を身に付ける。 ・フィジーで暮らす人々が，気温の影響を受けて，どのような住居や衣装を利用してきたのかを考察する。	●技		●景観写真や雨温図等を基に，情報を収集し，読み取る技能を身に付けている。

②-2【ねらい】アンデス山脈の高山地域に居住する人々の生活を例に，自然環境の影響を受けた生活の様子が見られることを考察する。 〔自然環境の影響を受けた生活〕

・ボリビアで暮らす人々が，高度の影響を受けて，どのような農業を行ったり，衣装を用いたりしてきたのかを考察する。

Step.2　暑い地域と寒い地域

③-1【ねらい】アマゾン川流域に居住する人々の生活を例に，自然環境の特徴を生かした生活の工夫が見られることを考察する。 〔自然環境の特徴を生かした生活〕

・アマゾン盆地で暮らす人々が，自然環境の特徴を生かして，どのような生活の工夫をしているのかを考察する。

③-2【ねらい】北極海沿岸地域に居住する人々の生活を例に，自然環境の特徴を生かした生活の工夫が見られることを考察するとともに，伝統的な生活の様子に変容が見られることを考察する。 〔社会環境の変化に伴う生活の変容〕

・イヌイットの人々が，自然環境の特徴を生かして，どのような生活の工夫をしているのかを考察するとともに，なぜそれらが変容してきたのかを考察する。	●		●人々の生活の特色を，その生活が営まれる場所の自然及び社会的条件などに着目して多面的・多角的に考察している。

Step.3　宗教が生活に与える影響，生活が環境に与える影響

④-1【ねらい】北アフリカの砂漠周辺に居住する人々の生活を例に，特色ある生活の様子が見られる理由を考察し，自然環境とともに宗教との関わりを理解する。 〔宗教の影響を受けた生活〕

・ベドウィンの人々の伝統的な生活の様子や宗教分布図などの資料を読み取り，そのような生活が営まれる理由を，自然環境や社会環境との関わりから考察する。 ・宗教分布図を活用し，どの地域にどのような宗教が分布しているかを読み取るとともに，資料を基に宗教と生活の関わりを理解する。	●技 ○知		●宗教分布図を基に，情報を収集し，読み取る技能を身に付けている。 ○世界の主な宗教の分布について理解している。

④-2【ねらい】北アフリカの砂漠周辺に居住する人々の生活を例に，自然環境の変容が見られる理由を考察し，人々の生活と自然環境が相互に影響を与え合うことを理解する。 〔自然環境に影響を与える人々の生活〕

・サヘル地域に居住する人々の生活の変容の様子を諸資料から読み取り，その変容する生活が自然環境に与える影響を考察し，理解する。

④-3【ねらい】緯度や標高，降水量等の違い等を基に，第一次のまとめとして，気候帯の分布の様子を概観し，理解する。

	・緯度や標高，降水量等の違い等を基に，世界各地の気候が大まかに区分されることを理解する。		○	○特色ある生活が営まれる理由やその変容の要因を，その生活が営まれる場所の自然及び社会的条件などに着目して多面的・多角的に考察している。

<評価の具体例>
第一次の学習成果を総合・活用する小テストを行い，思考力を評価する。 問題例ⅰ

第二次（3時間扱）	**Step.4　異なる環境下での類似の生活の工夫，類似の環境下での異なる生活の工夫**			異なる環境で類似する生活

⑤【ねらい】異なる自然環境ながら似通った生活の工夫が行われている事例を基に，自然環境と生活との関わりを考察する。

【学習課題】（環境が異なれば異なる生活が営まれるだろうに，）環境の異なるマレーシアとシベリアで，なぜ同様の高床式の住宅が見られるのだろう。

・環境の異なる地域で同様の住居や食事が見られる理由を，班で考察する活動を行い，その結果をワークシートに記述する。 ・世界各地の生活に見られる同様の事例から，生活と自然環境及び社会環境との関わりを理解する。		●	●高床式住宅建設の要因について，その生活が営まれる場所の自然及び社会的条件などに着目して多面的・多角的に考察している。

⑥・⑦【ねらい】似通った自然環境ながら異なる生活の工夫が行われている事例を基に，自然環境と生活の関わりを考察する。　類似の環境で異なる生活

【学習課題】（環境が同様であれば同様の生活が営まれるだろうに，）同じ温帯である日本とトルコ，ドイツで，なぜ独自の食生活が見られるのだろう。

・各自で，これまでの単元の学習成果を活用して追究する活動を通して，同じ気候条件の中にも降水量の違いや宗教の違い等の要因から，生活の様子が異なってくることを考察する。その後，追究した情報を持ち寄り，班で話し合ってホワイトボードに書いて発表する。	○		○人々の生活の特色を，その生活が営まれる場所の自然及び社会的条件などに着目して多面的・多角的に考察している。

<評価の具体例>
後に本単元の終了段階で，その学習成果を総合・活用する定期テスト等において，思考力を評価する。 問題例ⅱ

単元のまとめ（1時間扱）	**Step.5　学習のまとめ**			

⑧【ねらい】世界各地の人々の多様な生活についてまとめるとともに，単元冒頭の問いへの答えを，学習成果を踏まえて考え，学習を振り返る。

【学習課題；単元を貫く問い】「なぜ世界各地では人々の生活に多様な特色が見られるのか。また，なぜそれは変容するのか。」

・ワークシートの気候帯の分布図や宗教分布図上に，学習した特色ある生活や変容に関する写真を貼り，それが見られる主な理由を書き添えて，これまでの学習内容をまとめる。	○ ○		○人々の生活の特色を，その生活が営まれる場所の自然及び社会的条件などに着目して多面的・多角的に考察するとともに，その相互依存関係について理解している。
・単元の学習を振り返って，関心をもちさらに調べたいことや，よく分からなかったこと，学習に向かう姿勢などを自己評価し，ワークシートに記述する。		○	○単元の学習を振り返って，関心をもち，さらに調べたいことや，よく分からなかったことを整理し，これからの学習に意欲的に取り組もうとしている。
このB(1)と次のB(2)の項目にまたがって「主体的に学習に取り組む態度」を評価する場合，「評定に用いる評価」ではなく，「学習改善につなげる評価」にとどめることもできる。		●	（● 上に同じ）

<評価の具体例>
後に本単元の終了段階で，その学習成果を総合・活用する定期テスト等において，思考力を評価する。 問題例ⅲ

4　観点別学習状況の評価の進め方
（1）思考力を問うペーパーテストの問題例

　「思考・判断・表現」の評価については，知識及び技能を活用して課題を解決するために必要な思考力，判断力，表現力等を身に付けているかどうかを評価するものであるため，ペーパーテストのみならず，論述やレポートの作成，発表，グループでの話合い，作品の制作や表現等の多様な活動を取り入れたり，それらを集めたポートフォリオを活用したりするなど，評価方法を工夫することが求められている（「児童生徒の学習評価の在り方について（報告）」9ページ）。

　本事例では，「知識の概念的な理解」に至る過程で働かせる思考力に着目し，ペーパーテストの工夫改善に向けた一試案を示している。すなわち，事実的な知識の習得を問うだけの問題ではなく，基礎的・基本的な知識及び技能を前提としつつも，地理的な見方・考え方を働かせて資料から情報を読み取ったり，単元の学習を通して総合化・概念化された知識・技能を活用したりしながら，考察を通して答えを導いていく過程をたどらせる等の作問の工夫をすることで，ペーパーテストであっても，思考力を見取る問題が実現できると考えた。また，そのことと併せて，指導と評価の一体化を推進していくために，解答の選択肢を工夫することで，生徒のつまずきや誤りを解答状況から容易に分析できると考えた。このような工夫を行うことで，指導と評価の一体化を図った「学習改善につなげる評価」を行いながら，必要に応じて「評定に用いる評価」に用いる情報を比較的簡便に収集することが可能になると考えられる。

　以下に示したものは，その具体的な評価問題及び活用例である。これらはそれぞれ別個の問題事例であり，必ずしも一連の問題群ではない。ただし，これらの問題がそれぞれどの学習と対応するかについては，前述の指導計画上に示してあるので参照されたい。

　問題例 ⅰ 　和成さんは，海外出張中のお母さんから，次の**写真**を添付した**メール**を受け取った。あとの**地図**を参考に，その**写真**が撮影された都市として最も適切なものを，**地図**中の**ア～エ**のうちから一つ選び，その記号を書きなさい。（※以降の問題を含め，便宜上，写真をイラストに置き換えている。）

写真　　　　　　　　　　　　　　　　　　　メール

もうすぐクリスマスですね。みんな元気にしていますか。一緒に送った写真は，ホテルの近くの公園で撮った人工のツリーで，高さは 40m 以上もあるんだって！

　日本と違うのは，クリスマス・イブとクリスマスが祝日で，仕事が休みになること。家族で食べるお祝いの食事では，よく冷えたジュースやシャンパンで乾杯！近くの海へ行ってバーベキューをする人もいるそうよ。和成もお父さんと楽しく過ごしてね。

地図　世界の主な宗教分布

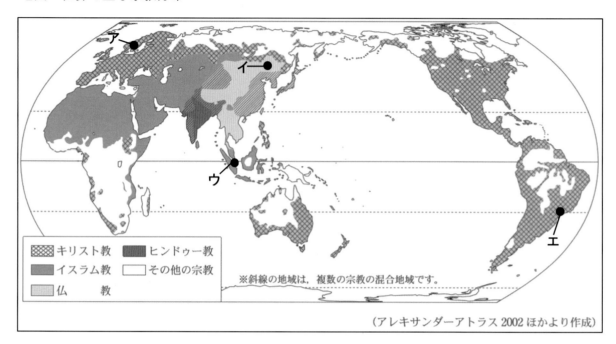

（アレキサンダーアトラス 2002 ほかより作成）

問題例ⅱ　和成さんは，次の**地図**中の ⬭ で示された地域の衣服についてレポートを書くため，下の**写真1・2**を比べて分かることを**メモ**にまとめた。**メモ**中の空欄 X ・ Y に当てはまる語句の組合せとして最も適切なものを，あとの**ア〜エ**のうちから一つ選び，その記号を書きなさい。

地図

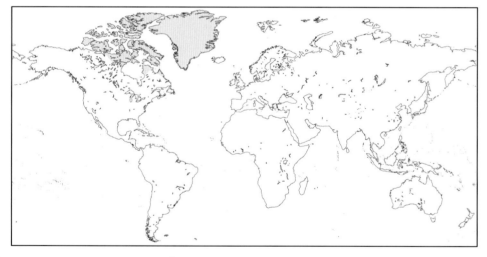

写真1

写真2

メモ

【共通点】
・ X に影響を受けて，どちらも同じような形状をした衣服になっている。

【相違点】
・ Y を主要な要因として，素材が**写真1**と**写真2**で異なっている。

	X	Y
ア	宗教上のきまり	地球温暖化などの自然環境の大きな変化
イ	宗教上のきまり	物流の発達などの社会環境の大きな変化
ウ	気候の特色	地球温暖化などの自然環境の大きな変化
エ	気候の特色	物流の発達などの社会環境の大きな変化

問題例ⅲ 右の**地図**は，地球上の仮想の陸地を示したものである。**地図**から考えられる地点Aの気候の特徴を，そう考えた理由とともに説明しなさい。また，地点Aの気候の特徴に対応した伝統的な衣服として考えられる最も適切なものを，下の**ア～エ**のうちから一つ選び，その記号を書きなさい。

地図

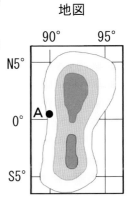

標高

0～1,000m

1,000～2,000m

2,000～3,000m

ア

イ

ウ

エ

（２）評価問題の活用と評価の進め方

①　各評価問題例の解説について

　問題例ⅰは，景観写真と文章資料から宗教と気候に関する情報を読み取り，世界の主な宗教分布が示された地図上で，写真が撮影された地点を特定する問題である（正解：エ）。指導計画上の第一次では，気候帯の分布図や宗教分布図を用いた学習をしており，そこで得た知識を活用しながら資料を基に思考させる構成とした。景観写真（写真）からは，母親と思われる人物を含め，人々が半袖や袖なしの衣服を着用していることから気温が高いことが読み取れる。（また，その背景に写っている樹木の様子からそこでの植生についても読み取ることができる。）次に，文章資料（メール）からは，クリスマスを祝日として盛大に祝う様子から，キリスト教が主要な信仰の対象となっている都市であることが推測できる。また，「よく冷えた」飲み物で乾杯すること，「近くの海へ行ってバーベキューをする人もいる」ことも，クリスマスの時期に気温が高い都市であることを示している。この他にも，ツリーが人工であることから，ツリーに用いられることの多いモミの木が生えにくい地域なのではないかと推測することも考えられる。

　なお，今回提示した問題例では，世界のどの地域でどのような宗教が信仰されているかについて，主題図を読み取れば分かるようにしている。世界の主な宗教分布についての知識を前提に問おうとするのであれば，主題図の凡例を伏せるといった出題形式も考えられる。

　問題例ⅱは，２枚の写真から衣服の違いを読み取らせ，その共通点と相違点の背景について問う問題である（正解：エ）。写真１と写真２に示された衣服は，共通して肌をしっかりと覆う形状であり，地図中の⬭で示された寒冷な気候に対応したものだということが読み取れる。相違点としては，写真１は自然の素材を生かした作りになっている一方，写真２からは人工的な柄を読み取れ，現代的な工業製品であることが推測される。これらのことは指導計画上の第二次までの学習内容を基に，メモ中のＸでは，一般に緯度が高くなると気温が低くなるという気候分布の概念的知識とそれに対応した衣服の形状を結び付ける力を問い，Ｙでは，衣服が伝統的なものから工業製品に変容しているという資料から読み取った情報と，工業や物流の発達に伴う生活の現代化が各地で進んでいるという概念的知識を問い，それらを結び付ける力を問う構成としている。

　なお，イヌイットの暮らしを扱う指導計画上の③-2の授業では，「移動手段の変容」を生活の現代化の題材として扱っている。この評価問題では，授業では取り扱っていない衣服の現代化について出題することで，単なる知識の再生にならないような工夫をしている。

　問題例ⅲは，位置情報から気候情報を推測し，その上で，そこで見られる伝統的な衣服を特定する問題である（正解：ア）。仮想の陸地における気候や生活様式を問うことで，世界各地の生活と環境の単元全体を通して学習した知識や概念を活用し，それらを転移させて活用する思考力を問う構成とした。地図より，地点Ａは標高が低いことが分かり，海からの影響を受けていることが推測できる。また，赤道付近にあることから，熱帯地域に位置するのではないかとも推測できる。指導計画上の授業では，住居や衣服といった生活の様子から自然環境との関係を考えさせているが，この評価問題では自然環境から衣服を考えさせるというように，授業とは逆の思考を求めている。

②　評価問題の活用例としての誤答分析について

　次に，ペーパーテストの結果を指導の改善及び生徒の学習改善に生かす手立てについて述べる。「単元の評価規準」に示されたそれぞれの評価規準に照らして，具体的な学習のつまずきの例として「推測される生徒の状態」と，それに対する生徒への「指導の手立ての例」を，問題例ⅰを基に紹介する。問題例ⅰでは，四つの選択肢を，それぞれ異なる宗教と気候の組合せとなるように設定しており，四つのうちから一つを選ばせる形式をとっている（アはキリスト教・冷帯，イは仏教・冷帯，ウはイスラム教・熱帯，エはキリスト教・熱帯（正解）である）。このような工夫をすることで，選んだ回答から，生徒がどのような思考をたどっているかを推測し，生徒のつまずきを把握

することができる。そして、そのつまずきに応じた適切な指導を行うことで、指導と評価、そして更なる指導との一体化を図ることが可能となる。次の表は、各誤答を選択した生徒の「推測される生徒の状態」と、それに対応した「指導の手立ての例」をまとめたものである。

生徒の解答	推測される生徒の状態	指導の手立ての例
ア	対象となる都市が、**写真やメール**からキリスト教が主要な信仰対象となっている地域であることは読み取れ、そのことが**地図**からも読み取れている。しかし、①気候に関わる情報を読み取ることができていないか、②**ア**と**エ**の都市の気温の違いを考えることができていない。	①景観写真において、気候を推測するために人々の服装に着目するよう助言する。②原則として、緯度に応じて気温が異なるということを確認させる。
ウ	対象となる都市が、気温の高い状態にあることは読み取れ、緯度と気温との関係も理解している。しかし、①宗教分布を示した主題図を正しく読み取れていないか、場合によっては②**クリスマスと関係の深い宗教**について理解できていない可能性もある。	①主題図の読み取り方について、教科書や地図帳にある同様の資料を示して指導する。②クリスマスがキリスト教と関係の深い行事であることや、他の宗教についても特徴的な行事や生活様式があることを確認させる。
イ	宗教分布を示した主題図を正しく読み取ることができておらず、気候に関わる情報を読み取ることができていない。場合によっては、クリスマスと関係の深い宗教や、緯度と気温との関係について、理解していない可能性もある。	どの時点でつまずいていたかを生徒との対話を通して明確にするとともに、上記の誤答選択肢**ア**や**ウ**を選んだ生徒に対する手立てを、ともに講じる。

このように誤答分析が容易で、かつ学習改善につなげることのできるペーパーテストの事例については、中学校卒業程度認定試験の過去問題や、学習指導要領実施状況調査の公開問題、各都道府県の入試問題等の中にも良質な問題が見られる。過去の良問を分析・活用することは、自身の問題作成の幅を広げ、その能力向上を促すとともに、評価問題作成の負担軽減をももたらすものと思われる。このような工夫されたペーパーテストと、授業ワークシート等の記述を組み合わせることによって、生徒の学習の達成状況を多面的に把握し、妥当性と信頼性の高い評価を実現することが期待される。

③ 評価問題の改善（ブラッシュアップ）の取組について

学習指導と同様に学習評価の方法についても、不断の改善が求められる。本稿で扱う評価問題に関してもそれは当てはまり、既存の評価問題を俎上にその改変を図ることで、従前には問えなかったような視点からの評価問題に改善することが可能となる。例えば、以下の改変では、従前は個別の知識の獲得を問う評価問題であったものを、説明文と解答群の記述を差し替えることで、説明文中から読み取れる生活様式と地図中から引き出せる空間情報を結び付ける力を問う評価問題とすることが可能となっている。このように記載内容の部分的な改変によって、評価問題はその趣旨を大きく変えることが可能であり、既存の評価問題を対象とした不断の見直しが期待される。

〔問題文〕次の文は、ある国で見られる伝統的な住まいや料理についての説明です。このような伝統的な生活が見られる国とは、どこの国ですか。選択肢ア〜エのうちから最も適切なもの選び、その記号を書きなさい。

改変前

〔説明文〕この国では、かまどで温められた空気を床下に通すオンドルと呼ばれる構造の住居や、白菜をはじめとする様々な野菜を漬けたキムチと呼ばれる漬物などが有名です。
〔選択肢〕
ア 大韓民国　イ 中華人民共和国
ウ 日本　　　エ ベトナム

改変後

〔説明文〕この国では、かまどで温められた空気を床下に通す床暖房システムや、白菜などの野菜と新鮮な海産物などの食材を併せて用いた漬物などが有名です。

〔選択肢〕

なお、この見直しによって、右の表のとおり、正答に至らなかった生徒に対しても、「寒冷地」と「臨海地」のどちらの条件を見落として誤答に至ったのかの分析が可能であり、それらの生徒に対する次の手立てを考える誤答分析が可能である。

	寒冷地	臨海地
ア（ニジェール）	×	×
イ（モンゴル）	○	×
ウ（シンガポール）	×	○
エ（大韓民国）	○	○

社会科（地理的分野）　　事例2

キーワード　評価場面の精選〜重点化と系統化〜

単元名	内容のまとまり
中国・四国地方 〜人口や都市・村落を中核として〜	C 日本の様々な地域 (3)日本の諸地域

1 単元の目標

- 中国・四国地方について，都市部と山間部や離島との間で見られる人口偏在や，それぞれの地域での持続可能な地域づくりに向けた取組があることを理解する。
- 人口や都市・村落を中核とした考察の仕方で取り上げた人口の偏在や持続可能な地域づくりに向けた取組と，それに関連する特色ある自然環境，産業の様子や，そこで生ずる課題を理解する。
- 中国・四国地方において，「人口減少が進み，人口の偏在が見られる中で，地域に応じた地域づくりの取組が，どのように進められているのか」を，都市部と山間部・離島の地域の広がりや各地域内の結び付き，人々の対応に着目して，特色ある自然環境や産業の様子，そこでの人口の偏在や持続可能な地域づくりに向けた取組と有機的に関連付けて多面的・多角的に考察し，表現する。

2 単元の評価規準

知識・技能	思考・判断・表現
・中国・四国地方について，都市部と山間部や離島との間で見られる人口偏在や，それぞれの地域での持続可能な地域づくりに向けた取組があることを理解している。 ・人口や都市・村落を中核とした考察の仕方で取り上げた人口の偏在や持続可能な地域づくりに向けた取組と，それに関連する特色ある自然環境，産業の様子や，そこで生ずる課題を理解している。	・中国・四国地方において，「人口減少が進み，人口の偏在が見られる中で，地域に応じた地域づくりの取組が，どのように進められているのか」を，都市部と山間部・離島の地域の広がりや各地域内の結び付き，人々の対応に着目して，特色ある自然環境や産業の様子，そこでの人口の偏在や持続可能な地域づくりに向けた取組と有機的に関連付けて多面的・多角的に考察し，表現している。

3 指導と評価の計画（5時間）　（〇…「評定に用いる評価」，●…「学習改善につなげる評価」）

	ねらい・学習活動	知	思	態	（評価規準・）評価方法
第一次（1時間扱）	【ねらい】資料から中国・四国地方を特色付ける地理に関わる事象を見いだす。				
	・地図を見て中国・四国地方の自然環境を概観し，都市の分布から人口の偏在の状況を捉える。 ・中国・四国地方の人口の推移や年齢別人口構成の推移から，人口や都市・村落に関連する地理に関わる事象を見いだす。				＜特色付ける地理に関わる事象＞ 中国・四国地方には，東西に平行して中国山地と四国山地があり，その南北に平野や盆地が点在し，両山地の間に瀬戸内海が位置している。都市が点在する平野と，山間部や瀬戸内海などの離島間には人口の偏在が見られる。また，近年，少子高齢化の進展に伴い，都市でも人口減少の傾向があり，中国・四国地方では，全体的に人口減少が進んでいる。

第二次（3時間扱）	【ねらい】中国・四国地方全体で進んでいる人口減少に対して，地域に応じた持続可能な地域づくりの取組について，人口や都市・村落を中核とした考察の仕方を基に，多面的・多角的に考察する。

【学習課題】「人口減少が進み，人口の偏在が見られる中で，地域に応じた地域づくりの取組が，どのように進められているのか」

・第一次で見いだした中国・四国地方を特色付ける地理に関わる事象から，学習課題を設定する。

・課題を設定するに当たり，中国・四国地方における都市部，山間部，離島で見られる人口減少対策の事例を紹介し，それぞれの地域についてグループで考察する。

・近年，人口の減少が始まった都市部と，高齢化と人口減少が急速に進行している山間部や離島では実態が異なるため，いくつかの地域を取り上げて調べる。

・それぞれの地域における人口減少に対する取組や地域的特色に関する資料から読み取った地理に関わる事象を関連付けて，地域的特色や取組を，ウェビング図を含むワークシートに各自でまとめる。

・各自でまとめた地域的特色や取組について，グループ内で説明し合う中で，新たな発見をウェビング図に追記して，地域的特色や取組についてまとめる。

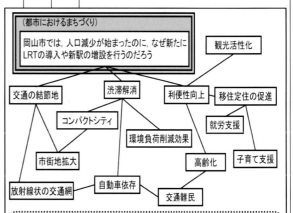

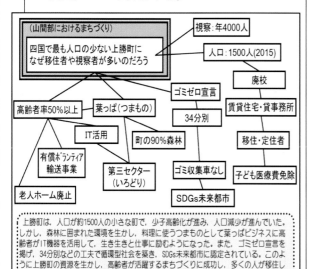

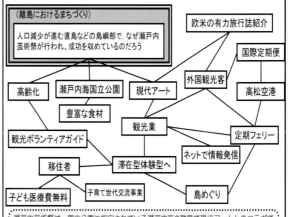

・　ウェビング図を基に，自分が担当する地域の地域的特色や取組について，ワークシートに自分の言葉でまとめる。

① ①人口減少に対して，地域の実態に応じて地域づくりの取組が進められていることを，ウェビング図を含むワークシートで見取って評価する。

第三次（1時間扱）	【ねらい】中国・四国地方の地域的特色や取組について，考察した過程や結果をベン図にまとめ，それを基に説明する。			
	・中国・四国地方のそれぞれの地域における人口減少に対する取組について，ウェビング図を作成したグループを解体して，自分が担当しなかった地域についてまとめたメンバーと新たなグループを編成する。 ・新たなグループで，それぞれの地域における人口減少に対する取組について，ウェビング図を基に説明し合い，それぞれの取組の共通点に着目して，地域的特色をベン図にまとめる。			<ベン図作成手順> 　まず第二次でまとめたウェビング図を基に取り上げたそれぞれの地域について説明し合い，それぞれの地域における人口減少に対する取組を，ウェビング図から取り出し，ベン図中のそれぞれの地域の枠に記入する。次に，ベン図中の地域と地域が重なる部分に，それぞれの地域での取組に共通することを記す。最後に，ベン図中央に，中国・四国地方における人口減少に対する取組から見える，地域的特色を表す言葉を考える。

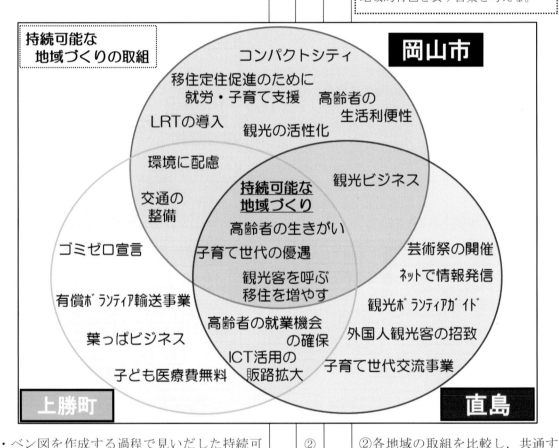

| | ・ベン図を作成する過程で見いだした持続可能な地域づくりのための取組から，中国・四国地方の地域的特色を表す言葉を見いだし，中国・四国地方全体としての地域的特色を自分の言葉でまとめる。 | ②

●
技 | ②各地域の取組を比較し，共通することをベン図にまとめる過程で，地域的特色を表す言葉を見いだし，地域的特色をまとめられているか，ワークシート中のベン図と説明文から見取って評価する。
●作成したベン図を基に，地域的特色をまとめられているか，ワークシートの説明文から見取り，それにコメントを付して返す。 |

4　観点別学習状況の評価の進め方

　次の「5　観点別学習状況の評価の留意事項」に示すとおり，ここでの学習では，「知識・技能」のうちの「知識」の部分と「思考・判断・表現」に重点を置いて評価することとしている。

　「知識」の評価については，取り上げる地方ごとに地域的特色や課題が異なるため，「日本の諸地域」学習を通じて，各地方それぞれの特徴的な地域的特色や課題についての知識を評価の対象としている。また，「思考・判断・表現」の評価については，後掲の　単元計画1　の学習順に従えば，九州地方の学習においても，それぞれの問いに基づき「思考」していることが見込まれる。そこでこの中国・四国地方の学習では，ウェビング図やベン図を用いて「表現」させる過程で，地域的特色や課題について協議させたり，話し合われた様々な事象の関係を整理させたりすることをねらいとしており，この部分を観点別評価の対象としている。

　その際，設定された評価規準の達成に至らず，「努力を要する」状況（C）と評価される生徒に対して，ねらいの達成を促すよう指導の手立てを講ずることが極めて重要である。ここでは，以下に本単元におけるその手立ての例を示すが，個々の生徒に対する「学習改善につなげる評価」としては，学習全体を通してその手立てに十分に意を払う必要がある。

　なお，ここで「評定に用いる評価」の対象としていない「知識・技能」のうちの「技能」と「主体的に学習に取組む態度」の評価については，　単元計画1　にあるとおり他地方の学習の中で系統立てて評価することとしている。

	「努力を要する」状況（C）と評価される生徒への指導の手立ての例	
【知識・技能】	中国・四国地方の地域的特色や課題について，十分な理解が得られない生徒に対して，その生徒が取り組みやすい地域を選んでウェビング図を確認させたり，ウェビング図とベン図との対応関係を一つずつ確認させたりすることで，学習内容を整理させる。	
【思考・判断・表現】	①について 　中国・四国地方の各地域における持続可能な地域づくりの取組が，その地域における自然環境や産業などに関する事象と結び付けて考えられていない生徒へは，各地域で見られる特色をどのように生かして，人口減少に歯止めをかけようとしているかに着目して，関連する事象をつなげてウェビング図にまとめるよう助言する。	【（B）と評価される生徒の具体的な例】 　「指導と評価の展開例」中のウェビング図に表された人口減少に対するそれぞれの地域の取組について，その地域における自然環境や産業に関する事象を，資料から読み取り，ウェビング図に関連付けて，適切に表現していると判断できた生徒については，（B）と評価することが適当であると考えられる。
	②について 　中国・四国地方の地域的特色として，取り上げた地域における取組についての記述に留まっている生徒に対しては，各地域で行われた地域づくりの取組を比較して，共通することを見いだすよう助言する。 　共通することを見いだす際に，ベン図を作成する際に用いたウェビング図中に表した取組と関連のある事象にも着目して，人口減少に対して，それぞれの地域が今後も持続していくために必要なことは何かといった考察の仕方のポイントを助言する。	【（B）と評価される生徒の具体的な例】 　「指導と評価の展開例」中の「持続可能な地域づくりの取組」についてのベン図を作成する過程で，三つの地域で行われた具体的な取組を比較し，共通する地域的特色である「地域の実態に応じた，地域を持続させるための取組が行われていること」を見いだし，中国・四国地方の地域的特色をワークシートにまとめていると判断できた生徒については，（B）と評価することが適当であると考えられる。

5 観点別学習状況の評価の留意事項

　今回取り上げた「中国・四国地方」は，「内容のまとまり」である中項目「日本の諸地域」（全 32 時間扱い）を構成する小項目という位置付けとしており，「『内容のまとまり』（中項目）＝単元」である地理的分野の事例 1 「世界各地の人々の生活と環境」とは構成が異なっている。そこで，「単元」が意味するところに誤解が生じないよう，この「5　観点別学習状況の評価の留意事項」においては，便宜上，「内容のまとまり」である「日本の諸地域」については「単元」と呼び，「中国・四国地方」等の小項目については，「小単元」として，区別して呼ぶこととする。このように，幾つかの小単元で構成される単元の観点別学習状況を評価するに当たり，どのようなことに留意すべきか，次の 3 点について確認する。

（1）重点化について

　「内容のまとまり」ごとに観点別評価を行うに当たり，その評価を円滑に実施するために，単元を構成する小単元ごとに重点を置く観点を設定することで，評価の重点化を図ることが考えられる。例えば，この「日本の諸地域」を単元とする学習では，従前の「日本の諸地域」学習でも多用されていた七地方区分を踏襲し，七地方をそれぞれ小単元として設定しているが，各小単元において評価の観点を絞り込んで，評価計画に位置付けることとしている。

　すなわち，後掲の 単元計画 1 に示すように，小単元それぞれに三つの観点全ての評価場面を設定するのではなく，単元を単位としてその全体を通してバランスよく三観点の評価場面を設定することとしている。例えば，「主体的に学習に取り組む態度」については，ある程度長い区切りの中で，適切な頻度で評価することに留意し，単元の冒頭で，「日本の諸地域」学習に見通しをもって取り組めるよう「学習改善につなげる評価」を行い，単元の終結では，主体的に課題を追究しようとしているかを見取り，単元を通しての変容を基に「評定に用いる評価」を行うこととした。

　また，「思考・判断・表現」についても，七つの小単元のうち，後半の三つの小単元で「評定に用いる評価」を行うこととし，重点化を図っている。このうち，前掲の「中国・四国地方」の事例では，ウェビング図やベン図を含めたワークシートの記述を基に評価することを想定している。

　さらに，「知識・技能」のうちの「技能」もこのような考え方に拠っており，「重点化」という評価場面の精選を図っている。ただし，「知識・技能」のうちの「知識」については，既述のとおり，取り上げた地方固有の地域的特色の理解を評価する必要があることから，各地方それぞれに評価規準を設定し，「評定に用いる評価」を行うこととしている。前掲の「中国・四国地方」の事例では，小単元終了段階にワークシートの記述などを基に評価することを想定しているが，これについては，単元全体の学習が終わった後に，各地方の地域的特色を理解し，その知識を身に付けているかどうかを，ワークシートやノートの記述，ペーパーテストなどを通して，まとめて評価することも考えられる。

（2）系統化について

　単元全体を通じて，一つの観点について複数の評価場面や評価方法・手段がある場合は，各小単元の評価計画において，対象となる観点の評価規準の系統化を図ることが考えられる。

　「知識・技能」のうちの「技能」や「思考・判断・表現」については，学習の進行に伴う生徒自身の習熟の高まりが考えられ，例えば，学習前半の小単元では，教師が提示した資料を基に読み取ったり，考察したことをキーワードや短い文章にまとめたりしたこと，学習後半の小単元では，生徒自身が資料を収集したり，様々な資料を組み合せて考察したことを，文章やグラフ，図表など様々な表現方法でまとめたり説明したり議論したりしたことを評価することが考えられる。この「中国・四国地方」の事例では，単元「日本の諸地域」の中盤に位置付く小単元であることを踏まえ，「思考・判断・表現」については，中部地方で学習した「産業の立地」や九州地方で学習した「自然との共生」の視

点を，中国・四国地方の地域づくりの取組につなげて考えられることを期待している。

　このように，指導と評価の系統化を図ることは，生徒にとって，既習内容を基に評価対象となる考察の程度を深めたり，表現方法を工夫したりするといった，学習内容に対して段階を追って習熟の度合いを高めていくことが期待される。

（3）単元構成について

　単元構成について，「考察の仕方」は，個々の事象が視覚的にも捉えやすいと考えられる「自然環境」「産業」を前半に位置付け，事象相互の関係が問われることの多い「人口や都市・村落」「交通・通信」を後半に位置付けることとしている。また，単元のまとめとして，新たな中核事象となる「持続可能な地域づくり」を視点として設け，既習の四つの考察の仕方を総合的に取り上げる設定としている。また，この最後の小単元については，学校所在地を含む地域設定とすることで，Ｃ(4)「地域の在り方」と関連付けて学習する設定ともしている。配当時間数については，学習の進行による学習内容の深まりを考慮して差異を設けており，学びを広げ深めていけるよう工夫している。

　なお，ここで用いた「地域区分」と「考察の仕方」の組合せと順序については，単元計画1にその詳細を示しているので参照されたい。

　最後に，単元計画1に示している，「鍵になる概念」と「小単元の中心となる問い」について触れたい。

　「鍵になる概念」については，単元計画1の〈「考察の仕方」の中核事象〉の下に，キーワードとして（　　）で示し，具体的には「☆獲得する認識」として文章で示している。これらは，各小単元の学習を通して捉えさせたい地域的特色を例示したものであり，実際には指導者が指導と評価の計画を作成する際に，明確にしておくことが求められる。

　「小単元の中心となる問い」については，単元の目標を実現するために，各小単元で行う学習活動において，追究，解決する際に中心となる問い（課題）を示したものである。実際の授業においては，各小単元において，問いは一つとは限らず，場合によっては複数の問いを追究することで目標の実現に迫ることもあると考えられる。ここでは，あくまで「中心となる問い」として，小単元の学習過程における中心の問いとなるものを例示することとした。また，問いの形については，事実や態様を問う「どのように～」，原因や理由を問う「なぜ～」，価値判断や意思決定を問う「どうすれば～」などがあるが，ここでは，生徒自身の地域学習に対する習熟の度合いを考慮し，主に，単元の前半は「どのように～」，後半は「なぜ～」を配し，次の単元となる「地域の在り方」の学習における「どうすれば～」という問いにつなぐ設定としている。

単元計画1 ＜「日本の諸地域」の指導と評価の計画例　川崎市の学校の場合（32時間扱い）＞

地域（配当時間） 〈「考察の仕方」 の中核事象〉 主な事象 **（鍵になる概念）**	小単元の中心となる問い ☆獲得する認識 （＜小単元の構成＞図とともに 「知識」に関する評価規準）	評価の観点			重点化，系統化により精選した評価規準例 ※重点化　○：評定に用いる評価 　　　　　●：学習改善につなげる評価 ※系統化　実線：技能 　　　　　波線：思考 　　　　　二重線：態度
		知	思	態	
地域区分（1）	・前単元の小項目をもとに七地方に特徴的なことがらをまとめよう。			●	● 日本の諸地域の学習に見通しをもって取り組もうとしている。
北海道地方（3） 〈自然環境〉 最北端， 冷涼な気候， 広大な土地， 食料基地， 開拓の歴史， 土地利用の工夫 　　　　など **（自然の開発）**	北海道地方では，冷涼で広大な自然をどのように開発してきたのだろうか。 ☆冷涼で広大な自然環境の中，入植者が土地を開拓して農地に改良したり，大型機械の導入や品種改良を図ったりしたことにより北海道地方は日本の食料基地となった。	○ 知 ● 技			○冷涼で広大な自然を開発してきた北海道地方の地域的特色を理解している。 ● 教師によって提示された資料を基に，そこから読み取った情報を適切に文章化している。 ＜小単元の構成＞ 冷涼で広大な自然　→　日本の食料基地 　　　　　　↑（開　発） 開拓の歴史　　　　土地利用の工夫
中部地方（4） 〈産業〉 中央部， 東海・中央高地・ 北陸の農工業， 農工業の自然及 び社会的条件 　　　　など **（産業の立地）**	中部地方では，なぜ農業・工業の生産額がともに高いのだろうか。 ☆中部地方では北陸・内陸・東海で異なる自然環境を生かすとともに，大消費地へ輸送しやすいことから農業・工業ともに生産額が高い。	○ 知 ● 技			○農工業の盛んな中部地方の地域的特色を理解している。 ● 教師によって提示された資料を基に，そこから読み取った北陸・中央高地・東海の3地域それぞれの情報を適切に文章化している。 ＜小単元の構成＞ 高い農工業生産額（第一次・二次産業） 　　　　　　↑（立　地） 自然条件（地形・気候）　社会条件（交通・歴史）
九州地方（4） 〈自然環境〉 最西端， 台風， 火山， 自然災害， 減災の工夫， 自然を生かした 産業 　　　　など **（自然との共生）**	九州地方では，台風がよく通り多くの火山を抱える中でどのように生活を工夫しているのだろうか。 ☆台風がよく通り，多くの火山を抱える九州地方では，自然災害にみまわれることが多いが，防災，減災に取り組んだり，自然を生かした産業をおこしたりして，自然と共生している。	○ 知	●		○台風がよく通り多くの火山を抱える九州地方の地域的特色を理解している。 ● 自然災害を防いだり減らしたりする工夫や，自然を生かした産業の工夫など，人々の生活と自然との関わりを損害と恩恵の両面から捉えて，文章でまとめている。 ＜小単元の構成＞ 豊富な降水，火山活動，温暖な気候など 　　　　　　↓↑（共　生） 防災，減災の工夫　自然を生かした産業
中国・四国地方（5） 〈人口や都市・村落〉 人口偏在， 都市部， 山間部， 離島， 産業と雇用， 地域づくり 　　　　など **（都市・村落の地域づくり）**	人口減少が進み，人口偏在が見られる中国・四国地方では，地域に応じた取組がどのように進められているのだろうか。 ☆人口減少，人口偏在が見られる中国・四国地方では，地域を生かした雇用の創出，観光集客，LRT導入による利便性向上など，高齢者も子育て世代も暮らしやすい地域づくりを行おうとしている。	○ 知	○		○人口減少，人口偏在が見られる中国・四国地方の地域的特色を理解している。 ○都市部と山間部や離島における地域づくりの取組を，それぞれの地域性の違いから捉えて，ウェビング図やベン図を用いてまとめている。 ＜小単元の構成＞ 人口減少・人口偏在 　　　　↓（都市・村落の取組） 岡山市　上勝町　直島 　　　　↓（持続可能な地域づくり） 地域を生かして，どの世代も暮らしやすい

東北地方（4）〈交通や通信〉格子状骨格道路，地方都市や文化遺産の散在，物流や交流人口増加，周遊観光，災害対策　など（広域交通網の役割）	東北地方では，なぜ格子状に交通網を整備しようとしているのだろうか。☆東北地方では，格子状に交通網を整備することで，散在する都市や文化遺産などをつなぎ，広域で物流や交流人口を活発にしたり，災害時に避難場所や避難経路を確保したりしようとしている。	○知○技		○格子状に交通網が整備されている東北地方の地域的特色を理解している。○教師によって提示された資料を基に，そこから読み取った情報を，文章とともに適切にグラフ化，図表化している。 <小単元の構成> 広域交通網の整備 ↑（広域交通網の役割） 都市や文化遺産の散在　災害への対応
近畿地方（5）〈産業〉観光客の増加，観光産業，歴史的町並み保全，観光公害　　　など（環境の保全と産業の振興の両立）	近畿地方では，なぜ昔からの町並みを保存しようとしているのだろうか。☆近畿地方では，日本の古都としての歴史的な町並みを維持するだけではなく，観光産業等に活用しており，それを両立させるために，行政と企業，住民が一体となって取り組んでいる。	知	○	○環境を保全し，観光産業の育成を図る近畿地方の地域的特色を理解している。○町並み保全の理由を，日本の古都としての歴史的背景や観光資源といった側面を踏まえ，「環境の保全と産業の振興の両立」の視点から考えたことを，図や文章を用いてまとめている。 <小単元の構成> 歴史的町並みの保存 （環境の保全）　↑（産業の振興） 文化・伝統の継承　観光資源としての活用
関東地方（6）〈既習の考察の仕方を活用して〉学校所在地東京大都市圏，首都圏，人口・産業集積，「三環状九放射」道路，東京一極集中　　　など（持続可能な地域づくり）	関東地方では，なぜ人口や産業が集中しているのだろうか。また，東京への一極集中をどう考えればよいか。☆関東地方では，東京中心に交通・通信網が整備され，政治，経済，文化，情報などの機能が集積している。東京一極集中については「…」していくことが大切である。※「地域の在り方」と関連付け，事例地域として川崎市を取り上げ，「東京に隣接する川崎市ではどのようなまちづくりをおこなっていくべきか」を考察・構想する学習とすることも考えられる。	○知○技	○ ○	○人口や産業が集中している関東地方の地域的特色を理解している。○生徒自身が収集した資料を基に，そこから読み取った情報を，文章とともに適切にグラフ化，図表化している。○東京への一極集中を，人口や産業施設などのハードや，情報や管理機能などのソフトの両面から捉えるとともに，一極集中によるメリットとデメリットの両側面を踏まえて，「持続可能な地域づくり」の視点から考えたことを，図や文章を用いてまとめている。○「日本の諸地域」学習のまとめとなる関東地方の学習を経て，地誌学習に粘り強く取り組むとともに，自己の学習を振り返り，「地域の在り方」の学習につなごうとしている。 補足：本参考資料1においては，紙幅の都合もあり，「学習改善につながる評価」についてはその一例を示すにとどめている。実際の授業においては，これ以外にも学習過程における生徒の状況を適切に把握し，生徒自身の学習改善につながるような指導（評価）を行うことが期待される。

<小単元の構成>
人口や産業の集中
↑（持続可能な地域づくり）　→　東京一極集中の是非
首都圏への産官学の集中　文化・情報の発信源　（一極集中の良さや課題）
放射状の交通網

<次単元の構成>
※「地域の在り方」
川崎市のまちづくり
（隣接地のよさや課題）

補足：この指導と評価の計画例では，「地域」は学校所在地である関東地方を学習のまとめとして7番目に位置付けることとし，生徒の考察のし易さに重きを置き，「考察の仕方」を優先した。はじめに，視覚的に比較的捉え易い「自然」「産業」を先に置くこととした。そこで1番目に「自然の開発」を鍵とする北海道地方を，その上で3番目に「自然との共生」を鍵とする九州地方を置いた。この間，2番目に，「産業」を中核とする中部地方を置くことで，九州地方の考察に深まりを期待することとした。その後4番目に，人口偏在が顕著で特色ある「地域づくり」が見られる中国・四国地方を置き，同様の課題を「広域交通網の役割」を鍵に考える東北地方を5番目とした。6番目に，既習内容を前提に近畿地方で「環境の保全と産業の振興の両立」を考えることとした。7番目の関東地方は，「持続可能な地域づくり」を鍵にすることで，さらに次の単元となる「地域の在り方」のテーマにつなぎ，川崎市のまちづくりについて考察・構想する学習を想定した。

社会科（歴史的分野）　　事例3
キーワード　大きな単元構成による指導と評価の計画

単元名	内容のまとまり
近世の日本	B近世までの日本とアジア (3)近世の日本

1　単元の目標

- 近世の日本の大きな流れを，世界の歴史を背景に，時代の特色を踏まえて理解するとともに，諸資料から歴史に関する様々な情報を効果的に調べまとめる技能を身に付けるようにする。
- 近世の日本に関わる事象の意味や意義，伝統と文化の特色などを，時期や年代，推移，比較，相互の関連や現在とのつながりなどに着目して多面的・多角的に考察したり，思考したことを説明したり，それらを基に議論したりする力を養う。
- 近世の日本に関わる諸事象について，そこで見られる課題を主体的に追究，解決しようとする態度を養う。

2　単元の評価規準

知識・技能	思考・判断・表現	主体的に学習に取り組む態度
・ヨーロッパ人来航の背景とその影響，織田・豊臣による統一事業とその当時の対外関係，武将や豪商などの生活文化の展開などを基に，諸資料から歴史に関する様々な情報を効果的に調べまとめ，近世社会の基礎がつくられたことを理解している。 ・江戸幕府の成立と大名統制，身分制と農村の様子，鎖国などの幕府の対外政策と対外関係などを基に，諸資料から歴史に関する様々な情報を効果的に調べまとめ，幕府と藩による支配が確立したことを理解している。 ・産業や交通の発達，教育の普及と文化の広がりなどを基に，諸資料から歴史に関する様々な情報を効果的に調べまとめ，町人文化が都市を中心に形成されたことや，各地方の生活文化が生まれたことを理解している。 ・社会の変動や欧米諸国の接近，幕府の政治改革，新しい学問・思想の動きなどを基に，諸資料から歴史に関する様々な情報を効果的に調べまとめ，幕府の政治が次第に行き詰まりをみせたことを理解している。	・交易の広がりとその影響，統一政権の諸政策の目的，産業の発達と文化の担い手の変化，社会の変化と幕府の政策の変化などに着目して，事象を相互に関連付けるなどして，近世の社会の変化の様子を多面的・多角的に考察し，表現している。 ・近世の日本を大観して，時代の特色を多面的・多角的に考察し，表現している。	・近世の日本について，見通しをもって学習に取り組もうとし，学習を振り返りながら課題を追究しようとしている。 ・学習を振り返るとともに，次の学習へのつながりを見いだそうとしている。

3 指導と評価の計画（28時間）

ここでは，歴史的分野の学習の基本的な構造に即した「評価規準」の設定を行う際の手順を，B（3）「近世の日本」を事例に示すこととする。

第3編第1章でも示したとおり，歴史的分野の，特に大項目B，Cにおける中項目については，それぞれが一つの大きな単元としての学習のまとまりをもった構造となっている。そのため，評価規準についても中項目ごとに作成された「内容のまとまりごとの評価規準」を踏まえ，大きな単元としてまとまりをもった構成と，評価の計画を立てることが大切である。その際，例えば「内容のまとまりごとの評価規準」には具体的に示されていない「技能」に関わる学習活動や評価を「内容の取扱い」などを参考に加えたり，より具体的に「主体的に学習に取り組む態度」を示したりするなど，授業内容に即した「単元の評価規準」に設定し直すことが大切である(前ページ参照)。

また，歴史的分野の中項目は20時間を越えるような単元構成となることもあるため，その中に設定されている「小単元」などにおいて，適宜，生徒の学習状況を評価する場面を設定することも大切である。これらについて，学習指導要領の当該部分の記載と対照させると以下の図のようになる。

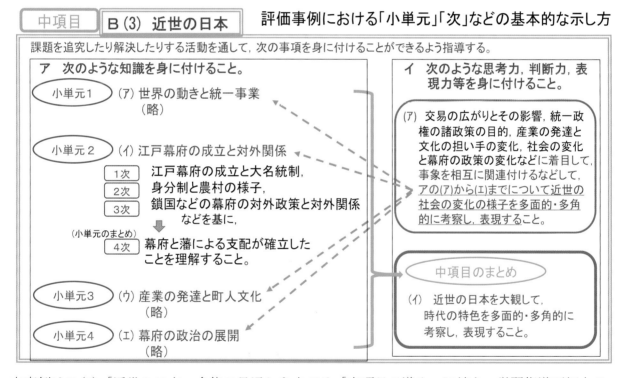

本事例はB（3）「近世の日本」全体の見通しを立てる「中項目の導入」に続き，学習指導要領上のア（ア）から（エ）に対応した4つの「小単元」，さらにイ（イ）に対応した「中項目のまとめ」によって構成される。それぞれの小単元については，その下に複数の「次」を配置した。例えばア（イ）に対応して構成される「小単元2」の場合，学習指導要領に示された内容によって設定された「1次」から「3次」と，この「小単元2」のまとめとなる「4次」によって構成されることとなる。また，各「次」は，1または複数の単位時間で構成されることを想定している。

なお，以下は中項目の学習計画として全体で28時間程度を想定しているが，模式的に表した事例であるため，個々の小単元についての詳細な時間数は示していない。

B (3)「近世の日本」の指導計画　　　　　　（○…「評定に用いる評価」，●…「学習改善につなげる評価」）

第3編 事例3

	学習活動	知	思	態	評価規準等
中項目の導入	【ねらい】近世の社会の変化の様子について，見通しをもって学習に取り組もうとし，課題を主体的に追究，解決しようとしている。 中項目全体を貫く問い「あなたは，近世社会の基礎はどのように築かれ，どのように変容し，近代へとつながったと考えるか」 導入の課題「教科書や資料集，小学校での学習経験やこれまでの学習を基に近世の日本を見通してみよう」				
	・ 教科書や資料集，これまでの学習や小学校での学習を踏まえて，中項目全体を貫く問いについて考察し，ワークシートに記入する。			●	●小学校での学習などを基に，中項目全体を貫く問いに対する学習の見通しを立て，学習を通して明らかにしようとしている。
小単元1	【ねらい】交易の広がりとその影響，統一政権の諸政策の目的などに着目して，事象を相互に関連付けるなどして，近世の社会の変化の様子を多面的・多角的に考察し，表現することを通して，近世社会の基礎がつくられたことを理解する。 小単元の学習課題「安土桃山時代の文化は，それ以前の文化とどのような違いがあるのだろうか，またその違いはどのような政治や社会の動きから生まれたのだろうか」				
	① 1次の課題「ヨーロッパ人はなぜアジアに来たのだろうか」について，資料を活用して考察し，話し合った結果を発表する。	●	●		●資料から学習上の課題につながる情報を適切に読み取っている。 ●1次の課題について，16世紀に至る世界の結び付きなど交易の広がりとその影響などに着目して考察し，相互に結果を表現している。
	② 2次の課題「織豊政権下の政策は社会をどのように変えようとしたのか」について，資料を活用して考察し，話し合った結果をワークシートに記入する。	●	●		●資料から学習上の課題につながる情報を適切に読み取っている。 ●2次の課題について，中世社会との比較に着目して考察し，相互に結果を表現している。
	③ 3次の課題「武将や豪商たちの経済力と戦乱の気風は，南蛮貿易や朱印船貿易の影響とともに，日本の社会にどのような変化をもたらしたか」について，資料を活用して考察し，ワークシートに記入する。	●	●		●資料から学習上の課題につながる情報を適切に読み取っている。 ●3次の課題について，当時の政治や文化の動向に着目して考察し，結果を表現している。
	④ 各次でワークシートに記入した事柄を踏まえて，小単元の学習課題「安土桃山時代の文化は，それ以前の文化とどのような違いがあるのだろうか，またその違いはどのような政治や社会の動きから生まれたのだろうか」について考察し，ワークシートに記入する。	○	○		○交易の広がりとその影響，統一政権の諸政策の目的などに着目して，小単元の学習課題について考察し，結果を表現している。 ○「近世社会の基礎がつくられたこと」について説明している。
	・ 中項目全体を貫く問いとの関わりを確認する。			●	●自己の学習について振り返り，調整しようとしている。
小単元2	【ねらい】統一政権の諸政策の目的などに着目して，事象を相互に関連付けるなどして，近世の社会の変化の様子を多面的・多角的に考察し，表現することを通して，幕府と藩による支配が確立したことを理解する。 小単元の学習課題「なぜ，江戸幕府は，長い間政治の権力を保てたのだろうか」				
	① 1次の課題「江戸幕府はどのように大名を統制したのだろうか」について，資料を活用して考察し，話し合った結果を発表する。	●	●		●資料から学習上の課題につながる情報を適切に読み取っている。 ●1次の課題について，中世の武家政治との違いや諸政策の目的に着目して考察し，相互に結果を表現している。
	② 2次の課題「江戸時代の社会の仕組みの中で，農村や各地の特産品はどのような役割を担っていたのだろうか」について，資料を活用して考察し，ワークシ	●	●		●資料から学習上の課題につながる情報を適切に読み取っている。 ●2次の課題について，諸政策の目的，農村の生活や幕藩体制の経済基盤との関係などに着目して考

		ートに記入する。			察し，その結果を表現している。
	③	3次の課題「鎖国などの幕府の対外政策と対外関係がその後の日本にどのような影響を与えただろうか」について，資料を活用して考察し，話し合った結果をワークシートに記入する。	●		● 資料から学習上の課題につながる情報を適切に読み取っている。
				●	●3次の課題について，貿易政策が与えた影響などに着目して考察し，相互に結果を表現している。
	④	各次の学習内容を踏まえて，小単元の学習課題「なぜ，江戸幕府は，長い間政治の権力を保てたのだろうか」について資料を活用して考察し，ワークシートに記入する。		○	○統一政権の諸政策の目的などに着目して，小単元の学習課題について考察し，結果を表現している。
			○		○「幕府と藩による支配が確立したこと」を説明している。
	・	中項目全体を貫く問いとの関わりを確認する。		●	●自己の学習について振り返り，調整しようとしている。
小単元3		【ねらい】産業の発達と文化の担い手の変化，社会の変化と幕府の政策の変化などに着目して，事象を相互に関連付けるなどして，近世の社会の変化の様子を多面的・多角的に考察し，表現することを通して，町人文化が都市を中心に形成されたことや，各地方の生活文化が生まれたことを理解する。 小単元の学習課題　「なぜ町人が文化の担い手となったのだろうか，その結果，都市や各地方にどのような生活文化が生まれたのだろうか」
	①	1次の課題「自分たちの生活する地域の産業や交通の発達には，この頃，どのような特徴がみられたのだろうか」について，身近な地域の事例などを取り上げ，資料を活用して考察し，ワークシートに記入する。	●		● 資料から学習上の課題につながる情報を適切に読み取っている。
				●	● 1次の課題について，産業の発達などに着目して考察し，結果を表現している。
	②	2次の課題「江戸時代に，学問や芸術，教育への関心が高まり，広がっていったのはなぜだろうか」について，身近な地域の事例を取り上げ，資料を活用して話し合った結果をワークシートに記入する。	●		● 資料から学習上の課題につながる情報を適切に読み取っている。
				●	● 2次の課題について，文化の担い手の変化などに着目して考察し，相互に結果を表現している。
	③	各次の学習内容を踏まえて，小単元の学習課題「なぜ町人が文化の担い手になったのだろうか，その結果，都市や各地方にどのような生活文化が生まれたのだろうか」について，資料を活用して考察し，ワークシートに記入する。		○	○産業の発達と文化の担い手の変化，社会の変化などに着目して，小単元の学習課題について考察し，結果を表現している。
			○		○「町人文化が都市を中心に形成されたことや，各地方の生活文化が生まれたこと」を説明している。
	・	中項目全体を貫く問いとの関わりを確認する。		●	●自己の学習について振り返り，調整しようとしている。
小単元4		【ねらい】社会の変化と幕府の政策の変化などに着目して，事象を相互に関連付けるなどして，近世の社会の変化の様子を多面的・多角的に考察し，表現することを通して，幕府の政治が次第に行き詰まりをみせたことを理解する。 小単元の学習課題「なぜ幕府の政治は，様々な取組をしたにもかかわらず，行き詰まりをみせたのだろうか」
	①	1次の課題「社会の変動や欧米諸国の接近が幕府の政策にどのような影響を与えたのだろうか」について，資料を活用して考察し，ワークシートに記入する。	●		● 資料から学習上の課題につながる情報を適切に読み取っている。
				●	●1次の課題について，貨幣経済の広がりや都市や農村の変化などに着目して，資料を活用して考察し，結果を表現している。
	②	2次の課題「なぜ，幕府の政治は改革が必要となったのだろうか」について，資料を活用して考察し，話し合い発表する。	●		● 資料から学習上の課題につながる情報を適切に読み取っている。
				●	●2次の課題について，社会の変化と幕府の政策の変化との関わりなどに着目して考察し，相互に結果を表現している。
	③	3次の課題「学問・思想は，新しい時代を切り開く動きにどのような影響をもたらしただろうか」について，資料を	●		● 資料から学習上の課題につながる情報を適切に読み取っている。
				●	●新しい学問・思想の影響に着目して考察し，相互

活用して考察し，話し合い発表する。 ④ 各次の学習内容を踏まえて，小単元の学習課題「なぜ幕府の政治は，様々な取組をしたにもかかわらず，行き詰まりをみせたのだろうか」について，資料を活用して考察し，ワークシートに記入する。 ・ 中項目全体を貫く問いとの関わりを確認する。		○ ○	に結果を表現している。 ○社会の変化と幕府の政策の変化などに着目して，小単元の学習課題について考察し，その結果を表現している。 ○「幕府の政治が次第に行き詰まりをみせたこと」を説明している。 ●自己の学習について振り返り，調整しようとしている。
中項目のまとめ	【ねらい】・近世の日本を大観して，政治の展開，産業の発達，社会の様子，文化の特色など他の時代との共通点や相違点に着目して，多面的・多角的に考察し，時代の特色を表現する。 ・次の中項目の学習への見通しを立てる。 <課題１> 　「中項目(近世の日本)の学習を踏まえ，前の時代との共通点や相違点に着目して，近世社会の変化について自分の考えをまとめてみよう」 <課題２> 　1)「作成したレポートと，単元のはじめに記した自分の『学習の見通し』を比べ，加わった点や新たに気付いた点などを振り返ってみよう」 　2)「近世の社会の変化の学習を振り返り，次の時代に大切になると思うキーワードをいくつかあげて，その理由を示してみよう」		
	<課題１>について 中項目全体を貫く問いを確認し，小単元４までの学習を振り返り，前の時代と比較するなどして，近世の社会の特徴的な変化を選び，ワークシートなどにまとめる。 <課題２>について 1) 当初の自己の学習の見通しと比較し，新たに加わった点や理解が深まったと考えられる点についてワークシートなどにまとめる。 2) 次の時代につながると考えられる事柄をあげて，その理由を説明する。	○ ○	○近世の社会の変化の様子について，政治の展開，産業の発達，社会の様子，文化の特色など他の時代との共通点や相違点に着目し，比較したり関連付けたりするなどして多面的・多角的に考察し，獲得した知識を活用して学習を振り返る中で，時代の特色を文章や図などでまとめている。 ○この中項目における自身の学習の経緯について振り返り，学習の方法や留意点について自身の学びを確認，調整しようとしているとともに，推移や変化，影響などに着目して，近世の社会の変化の様子の中から，近代につながる動きをあげるなど，次の学習へのつながりを見いだそうとしている。

4 観点別学習状況の評価の進め方

　各評価の場面においては，生徒の学習状況を確認する中で，教師が目標を達成できない可能性がある生徒に対して，学習改善を図るように促したり，指導計画の修正を図ったりすることが大切である。本事例にある○印は，観点別学習状況の評価を記録に残す場面を示している。これらは後に総括し，評定のための資料として用いることを想定している（「評定に用いる評価」）。●印については，評価を記録する必要はないが，例えば，日常的な机間指導や話し合いの様子，ワークシートの活用なども含め，学習の過程で生徒の状況を把握したり，確認したりすることを通して，学習改善につなげる場面を示している（「学習改善につなげる評価」）。また，単元の導入時と，後のまとめにおける学習状況を比較して，長期にわたる生徒の成長や変化を確認したりする際にも参考とするなど，適切な場面を選択しつつ，「評定に用いる評価」を行う際に活用することも考えられる。

（1）「知識・技能」

　中学校社会科歴史的分野の「観点の趣旨」の「知識・技能」については，「各時代の特色を踏まえて理解している」と示されている。従って，この「知識・技能」の評価の対象となるものは，個別の事

- 66 -

象などの知識のみに留まるものではなく，それらを関連付けて社会の変化の様子を考察した結果と
してもたらされるものであることについて改めて確認することが大切である。従って，「知識・技能」
の評価については，次に示す「思考・判断・表現」の観点との関係を踏まえて行うことが大切である。
・各「次」にある●印は，「資料から学習上の課題につながる情報を適切に読み取っている」と示さ
　れており，「技能」を確認する場面を表している。事例の通り，資料から歴史に関わる情報を適切
　に読み取ることが考察や理解につながることに留意し，生徒の状況を把握しつつ適切な助言を与え
　ることが大切である。
・各小単元の最終「次」にある○印の場面は，例えば，「小単元１」において，「『近世社会の基礎が
　つくられた』ことについて説明している」と示されている通り，これは，小単元の学習課題につい
　て考察した結果を表現する際に，資料や既習の知識を活用しつつ，「近世社会の基礎がつくられた」
　という概念的な知識が獲得されていることが評価の対象となることを表している（後掲「学習の過
　程と評価の構造図」参照）。また，上記の「技能」についての状況を合わせて評価することにも留
　意する。

（２）「思考・判断・表現」

　「思考・判断・表現」の観点については，各小単元において，学習指導要領に示された「…に着目し
て，事象を相互に関連付けるなどして，近世の社会の変化の様子を多面的・多角的に考察し，表現し
ている」ことを評価する場面と，「中項目のまとめ」で行う「近世の日本を大観して，時代の特色を
多面的・多角的に考察し，表現している」を評価する場面から構成されている。
・各「次」にある●印は，小単元の学習課題について「歴史的な見方・考え方」を働かせて考察する
　という生徒の学習の過程を，グループでの話合いや発表の場面，ワークシートの記述などから確認
　する場面を表している。
・各小単元のまとめとなる最終「次」にある○印の場面は，「小単元の学習課題について考察し，そ
　の結果を表現している」と示されている。これは，それまでの学習内容を踏まえて小単元の学習課
　題について考察した結果を評価することを表している。その際，上記（１）「知識・技能」の評価
　との関係を踏まえ，生徒の学習の過程に着目して（後掲「学習の過程と評価の構造図」参照）評価
　を行うことが大切である。
・「中項目のまとめ」にある○印は，これまでの学習で獲得した知識を単に並べることに留まらず，
　それらを組み合わせたり，傾向を見いだしたり，類型化したりして，小単元１から４までの学習を
　振り返り，時代の特色を考察し，その結果を表現していることを評価することを表している。

（３）「主体的に学習に取り組む態度」

　この観点については，毎回の授業や小単元に相当するような数時間の中ではなく，ある程度長い区
切りの中でその成果を評価することが考えられる。したがって，歴史的分野では，中項目ごとの内容
のまとまりを基本として評価場面を設定している。
・「中項目の導入」にある●印は，小学校での学習を踏まえつつ，「中項目全体を貫く問い」に対して，
　学習の見通しをもって学習に取り組もうとしているかを確認することを表している。
・小単元１から４の●印は，「自己の学習について振り返り，調整しようとしている」と示されてい

- 67 -

る。これは，学習内容，学習の方法や過程を振り返り，学びの調整力を働かせることを確認する場面であることを表している。これらについては，ワークシートなどから生徒の学習状況を確認し，適切な助言を与えることが考えられる。

・「中項目のまとめ」にある○印は，1)生徒が中項目全体の学習の状況を振り返り，自己の学びを確認したり調整しようとしたり，2)次の学習へのつながりを見いだそうとしたりしていることなどについて，評価を行うことが考えられる。

　1)については，例えば，「中項目の導入」における自らの見通しと，「中項目のまとめ」の＜課題1＞での考察を比較して加わった点や気付いた点などの記述から，当初の見通しが自らの学習にどのように作用しながらまとめに至っているかを確認するなど，生徒が自己の学習を調整する姿を評価することが考えられる。

　2)については，事例にあるように，「次の時代につながると考えられる事柄をあげて，その理由を説明する」ことなどによって，次の学習へのつながりを見いだそうとしているかを評価することが考えられる。その際，次のC(1)「近代の日本と世界」の導入における，生徒が「見通しを立てる」学習活動へつながることに留意する。

　以下は，これまで示してきたB(3)「近世の日本」の学習の過程とその評価の在り方について示した模式図である。図中の○印や●印は，上記の説明のそれらに対応している。このように中項目が一つの大きな単元としての構造をもつことに留意し，それに沿った評価活動を行うことが重要である。

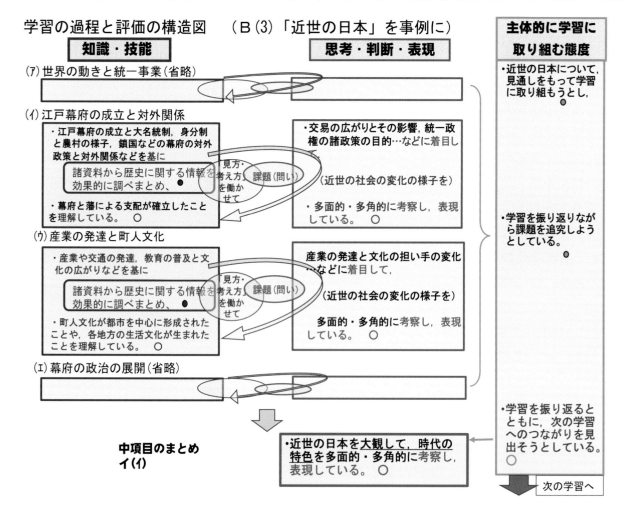

補足1 【Ｃ(2)イ(ウ) 「構想し，表現する」学習の評価について】

　前掲Ｂ(3)「近世の日本」の事例は，この分野の大項目Ｂ及びＣにおいて共通する単元及び評価の基本的な構造を示したものである。ただし，Ｃ(2)イ(ウ)には「構想し，表現する」学習が示されており，その点を留意する必要がある。以下は，Ｃ(2)イ(ウ)を小単元として設定した事例である。

【単元計画と本事例】

　本事例は，Ｃ(2)「現代の日本と世界」で構成される「内容のまとまり」に含まれるとともに，歴史的分野のまとめとして位置付けられている。現代の社会に表出している課題を見いだし，自ら問いを設定し，「社会的事象の歴史的な見方・考え方」を活用して，それを追究する学習である。

　また，中学校学習指導要領社会（歴史的分野）「３　内容の取扱い」(4)イに「これまでの学習と関わらせて考察，構想すること」と示されているように，歴史的分野での既習の知識を活用したり，「内容のまとまり」全体の中で，この小単元につながる具体的な知識や理解を深めたりするなど，限られた時間数の中で無理のない適切な活動となるよう，これまでの学習経験を活用できるような課題を設定するように留意する。また，次に続く公民的分野とのつながりや見通しに配慮することも大切である。

> **＜現代の日本と世界＞「内容のまとまり」（中項目）の単元構成例**
> ・中項目の導入　　　（「現代の日本と世界」について見通しを立てる学習）
> ・小単元１　「日本の民主化と冷戦下の国際社会」
> ・小単元２　「日本の経済の発展とグローバル化する社会」
> ・中項目のまとめ　（現代の日本と世界を大観して時代の特色を表現する学習）
> ・**現代の日本と世界の諸課題（本単元）**
> 　　　　　　　（現在と未来の日本や世界の在り方についての考察，構想）

1　単元の目標

　これまでの学習を踏まえて，歴史と私たちとのつながり，現在と未来の日本や世界の在り方について，よりよい社会の実現を視野に，課題意識をもって多面的・多角的に考察，構想する力を養うとともに，そこで見られる課題を主体的に追究，解決しようとする態度を養う。

2　単元の評価規準　「現代の日本と世界の諸課題」

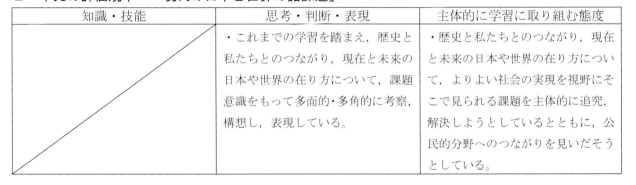

知識・技能	思考・判断・表現	主体的に学習に取り組む態度
	・これまでの学習を踏まえ，歴史と私たちとのつながり，現在と未来の日本や世界の在り方について，課題意識をもって多面的・多角的に考察，構想し，表現している。	・歴史と私たちとのつながり，現在と未来の日本や世界の在り方について，よりよい社会の実現を視野にそこで見られる課題を主体的に追究，解決しようとしているとともに，公民的分野へのつながりを見いだそうとしている。

3 指導と評価の計画（4時間）

「現代の日本と世界の諸課題」の指導計画

（○…「評定に用いる評価」，●…「学習改善につなげる評価」）

	学習活動	評価の観点 知	思	態	評価規準等
4時間扱い	主権や人権，平和などに関わる現代社会の諸課題について，これまで学んできた歴史の大きな流れの中で考察し，自分の考えや意見をまとめよう。その意見について互いに話し合う中で，よりよい社会の実現に向けて，続けて追究したい「問い」を提案しよう。				
	① 「問い」をつくる ・ これまでの歴史的分野の学習を振り返り，主権や人権，平和などに関わる現代社会の諸課題をグループで話し合い，「なぜ」「どのように」につながる問いの形で表現する。 ・ グループでの話合いを参考にして，それぞれ自分の追究したい「問い」を設定する。		●		● 読み取った情報や，話合いの結果を活用して，自ら「問い」を考察し，表現している。
	② 情報を収集し，「問い」を見直す ・ ①の自分の「問い」について，歴史的経緯や現代への影響などの情報を収集して自分の考えを深め，「問い」を再設定する。		●		● 時期や年代，比較，相互の関連や過去と現在とのつながりなどに着目して，「問い」を再度考察して設定し直し，表現している。
	③ 考察，構想した内容を表現する ・ 「問い」について考察し，その結果を踏まえ，よりよい社会の実現に向けてその課題を解決するために必要であると考えることをレポートに表現する。		○		○ 現代の課題について，視点をもって整理し，歴史的な経緯を踏まえて，根拠を基に考察し，よりよい社会の実現に向けて構想し，表現している。
	④ レポートの成果を発表し，今後も追究し続けたい「問い」を設定する ・ レポートをグループで発表し，意見交換を行い，そこでの意見を踏まえ，自分が設定した課題の解決に向けて，今後も追究したい「問い」を提案する。			○	○ 現代の課題を考え続ける姿勢をもつことの大切さに気付き，公民的分野の学習へのつながりを見いだそうとしている。

4 観点別学習状況の評価の進め方

（1）「思考・判断・表現」

　①にある●印は，これまでの学習で身に付けた知識や技能を活用して，自ら適切な課題（「問い」）を考察し設定しているかを確認する場面を表している。

　②にある●印は，「歴史的な見方・考え方」を働かせて，資料を活用して①で設定した自身の「問い」を再度検討し，追究しようとするねらいをより深く明確に示す「問い」として表現しているかを確認する場面を表している。

　③にある○印は，これまでの学習や，資料から収集した情報を基に多面的・多角的に考察し，歴史的な経緯を踏まえて，よりよい社会の実現に向けて構想し，それらの結果を表現しているかを評価する場面を表している。これまでの学習で獲得した知識を並べることではなく，これまでの学習で身に付けた「技能」を活用して収集した情報と関連付けたり，傾向を見いだしたり，類型化したりするなどして考察しているかを評価する。

また，この単元では，文章やレポート等の成果物が作成されることが想定されるため，それらを用いて評価を行うことが考えられる。

（2）「主体的に学習に取り組む態度」

④にある〇印は，現代の課題を考え続ける姿勢をもつことの大切さへの気付きや，「公民的分野」の学習へのつながりを見いだそうとしているかを評価する。本事例では，レポートの作成やそれを基にした相互の意見交換から，自らの課題設定の見直しを図り，その過程で生徒が学習のねらいや過程を振り返り，自らの学習を調整できるように導くことをねらいとしている。その際，例えば以下のようなワークシートの活用，工夫によって，生徒の学習の見通しや振り返りについての学習活動を導くとともに，評価資料の収集が可能となる。

単元「歴史的分野における構想」のワークシート例

・「単元の目標」と「この単元で身に付けたい力」の項目について

　ここでは，生徒が学習の目的を確認した上で自らの目標の設定を行い，学習後に自己評価を行っている。目標設定の的確さ，振り返りの妥当性や具体性などについて確認することができる。

・「単元の学習の振り返りメモ」の項目について

　課題の追究の過程で，生徒が自らの学びの深まりを確認することをねらいとしている。レポートの「調査前」の記述には，主題に関わり生徒が身の回りの事象から発見した素朴な疑問が記述されているが，「調査中」の記述からは，生徒が資料の収集や考察の過程で，「歴史的な見方・考え方」を働かせて自らの疑問をブラッシュアップした様子を確認することができる。「まとめ」の記述からは，作成したレポートを基にした相互の意見交換などを経て，新たな視点への気付きが示され，「公民的分野」へのつながりを見いだすことができる。「現代の課題を考え続けることの大切さへの気付き」や「次の学習へのつながり」という点についての評価資料として活用することが考えられる。

歴史的分野における「構想」のワークシート例（「問い」についてのレポート作成と並行して使用）

単元の目標（※教師側の学習の目的を伝える）

(1) これまでの3年間の歴史学習を振り返って，現在の社会でも「主権や人権，平和などの様々な課題」があること，それらを解決するための様々な人々の努力が重ねられていることについて様々な情報から，現在と未来の日本や世界の在り方について考えるための「問い」を作ろう。その問いについて考え，まとめ，他の人たちと共有しよう。
(2) 公民的分野の学習につながる現代社会に関する課題を見つけよう。

この単元で身に付けたい力（※学習の方向性と生徒自身の目標と振り返りの設定）

方向性	あなたの具体的な目標	振り返り
・これまでの学習で身に付けた「情報を選択する」，「整理してまとめる」などの力を発揮しよう。	（※生徒の記入例。以下同じ。）ふせんを活用して，情報の整理をする。	情報の整理はできた。まとめはもう少し工夫できた。
・いろいろな視点や立場，歴史的な経緯などを踏まえて，自分の意見をつくろう。	本を2冊以上読んで調べる。社会の変化や外国との関わりにも注目する。	本は4冊読んだ。社会の変化によって，文化の多様性について考えを深めた。
・現在の社会で見られる課題を自分との関わりやよりよい社会の実現を目指して追究しよう。	ニュースをよく見て，関連するものを取り入れたい。	新聞記事の1つを発表に結びつけることができた。

単元の学習の振り返りメモ

	学習で得られたこと、公民的分野で続けて追究したいことなど	達成度
調査前	現在と未来の日本や世界の在り方について考えるための「問い」 （※生徒の記入例。以下同じ。） ・商業施設に「礼拝室」が設置されるようになったのはいつからだろう。 ・なぜ、「礼拝室」が増えているのだろうか。 ・なぜ、日本のエネルギー自給率は他の先進国より低いのだろう。高めるためにはどのような方法が考えられるだろう。	
調査中	新たな疑問や追加して調べたいと思ったこと ・礼拝室が設置されるようになったのは、どのような社会の変化があったのか。 ・過去にも違う文化を持つ人たちがたくさん日本に来たことがあったのだろうか。そこではどのようなことが課題になったのだろうか。 ・これまでの日本の自給率の移り変わりはどのようなものだったのか。 ・日本がエネルギー資源を得ている国との関係は、これまでのどのようなものだったのか。	
まとめ	公民的分野でも継続して考えていきたいこと ・社会の多文化化や共生社会について考えていきたい。 ・エネルギー自給率の高低よりも、どのように使用し、持続可能な社会を作っていくかについて関心をもったので、公民でも続けて考えていきたいと思う。	

社会科（歴史的分野）　　事例４

キーワード　複数の項目を統合した単元の評価

単元名	内容のまとまり
明治維新と近代国家の形成	Ａ(2)身近な地域の歴史　及び Ｃ(1)近代の日本と世界　ア(イ)明治維新と近代国家の形成 （(オ)第一次世界大戦前後の国際情勢と大衆の出現）

1　単元の目標

・明治維新によって近代国家の基礎が整えられて，人々の生活が大きく変化したことを理解するとともに，身近な地域に関わる資料やその他の資料から歴史に関する様々な情報を効果的に調べまとめる技能を身に付けるようにする。

・明治維新と近代国家の形成について，事象の意味や意義，伝統と文化の特色，身近な地域の歴史の特徴などを，工業化の進展と政治や社会の変化，明治政府の諸改革の目的，近代化がもたらした文化への影響などに着目して多面的・多角的に考察したり，思考したことを説明したり，それらを基に議論したりする力を養う。

・自らが生活する地域や受け継がれてきた伝統や文化への関心をもち，近代の日本と世界に関わる諸事象について，そこで見られる課題を主体的に追究，解決しようとする態度を養う。

2　単元の評価規準

Ａ(2)「身近な地域の歴史」

知識・技能	思考・判断・表現	主体的に学習に取り組む態度
・具体的な事柄との関わりの中で，地域の歴史について調べたり，収集した情報を年表などにまとめたりするなどの技能を身に付けている。	・比較や関連，時代的な背景や地域的な環境，歴史と私たちとのつながりなどに着目して，地域に残る文化財や諸資料を活用して，身近な地域の歴史的な特徴を多面的・多角的に考察し，表現している。	・自らが生活する地域や受け継がれてきた伝統や文化への関心をもって，身近な地域の歴史的な特徴について，課題を主体的に追究しようとしている。

Ｃ(1)「近代の日本と世界」　ア(イ)「明治維新と近代国家の形成」

知識・技能	思考・判断・表現	主体的に学習に取り組む態度
・開国とその影響，富国強兵・殖産興業政策，文明開化の風潮などを基に，諸資料から歴史に関する様々な情報を効果的に調べまとめ，明治維新によって近代国家の基礎が整えられて，人々の生活が大きく変化したことを理解している。	・工業化の進展と政治や社会の変化，明治政府の諸改革の目的，近代化がもたらした文化への影響などに着目して，事象を相互に関連付けるなどして，近代の社会の変化の様子を多面的・多角的に考察し，表現している。	・近代の日本と世界について，見通しをもって学習に取り組もうとし，学習を振り返りながら課題を追究しようとしている。

3　複数の項目を統合した単元の指導と評価の計画（小単元　8時間）

　本事例は，Ａ(2)「身近な地域の歴史」を，取り上げる地域の歴史的な特徴を踏まえ，Ｃ(1)「近代の日本と世界」ア(イ)「明治維新と近代国家の形成」と関わらせて作成した小単元の学習及び評価の計画である。

ここでは，「身近な地域」として東京都港区を取り上げる。本地域は，近世に大名屋敷や寺などが多く築かれ，近代への移行の中で変革の影響を強く受けた。そのような変化を視点に地域の特徴を踏まえることで，近代国家の基礎が整えられたことや，人々の生活が大きく変化したことの理解を一層深めることをねらいとして，「明治維新と近代国家の形成」と関連付けた単元計画を行った。

＜近代の日本と世界＞「内容のまとまり」（中項目）の単元構成例
- 中項目の導入　（「近代の日本と世界」について見通しを立てる学習）
- 小単元１　「欧米における近代社会の成立とアジア諸国の動き」
- **小単元２　「明治維新と近代国家の形成」（本単元）**
- 小単元３　「議会政治の始まりと国際社会との関わり」
- 小単元４　「近代産業の発達と近代文化の形成」
- 小単元５　「第一次世界大戦前後の国際情勢と大衆の出現」（※後出の補足２の事例が含まれる単元）
- 小単元６　「第二次世界大戦と人類への惨禍」
- 中項目全体のまとめ　（近代の日本と世界を大観して時代の特色を表現する学習）

小単元２　「明治維新と近代国家の形成」の指導計画

※指導計画中の（A(2)）の記載は，A (2)「**身近な地域の歴史**」の趣旨を踏まえた評価規準であることを示している。

（○…「評定に用いる評価」，●…「学習改善につなげる評価」）

	学習活動	評価の観点			評価規準等
		知	思	態	
	小単元の学習課題　「『明治維新』とはどのような国づくりをめざした動きだったのか」 【ねらい】：明治維新の過程の中でめざされた国家を，地域（東京都港区）の資料を用いながら，その推移や背景，社会の変化に着目して考察し，当時の世界情勢との関連について理解する。				
1次 3時間扱い	第１時　本時の課題：「なぜ江戸湾に台場が築かれたのか」				
	・本時の課題について，現在も地域に残る「台場」跡がなぜ建設されたかを考察し，当時の日本（幕府）が欧米諸国の来航をどのように捉えていたのかについて，相互に意見を交換し，その理由をワークシートに記入する。		●		●幕府が開国した理由を，列強のアジア進出における武力や経済的な脅威など国際情勢と関連付けて考察し，表現している。
	第２時　本時の課題：「東禅寺の外国人はなぜ襲撃されたのか」				
	・地域で発生したイギリス公使館襲撃事件に関わる資料を活用し，その背景や原因など本時の課題について開国後の社会の変化を踏まえて考察し，ワークシートに記入する。	●	●		● 資料から開国後の社会の変化に関わる情報を適切に読み取っている。(A(2)) ●開国後の社会の変化の様子を，開国後の国内政治や経済の混乱に関連付けて考察し，表現している。
	第３時　本時の課題：「なぜ幕府は江戸城を明け渡すことになったのか」				
	・教科書の記述を活用し，本時の課題について話合い，その結果を発表する。 ・倒幕の理由について，第１時から３時までの学習を踏まえて考察し，その結果をワークシートに記述する。		●	●	●開国後の状況の中で，幕府の力が衰え，新政府が成立した理由を，アジアと列強との関係や，国内の状況などを関連付けて考察し，表現している。 ●第１時から３時について，地域と歴史との関わりに関心をもって課題を追究しようとしている。(A(2))

第３編
事例４

第3編
事例4

	本時の課題・学習活動	知	思	態	評価規準
2次 4時間扱い	第4時　本時の課題：「なぜ新政府は中央集権国家をめざす必要があったのか」				
	・廃藩置県の詔や設置された県の地図などの資料を活用して，版籍奉還及び廃藩置県，身分制度の廃止等の諸政策の目的を話し合い，本時の課題について考察し，ワークシートに記入する。	●	●		●資料から本時の課題に関わる情報を適切に読み取っている。 ●江戸時代と比較をしながら，社会にどのような変化が生まれていったかを考察，表現している。
	第5時　本時の課題：「なぜ政府は国民の反発があったのに学制・兵制・税制の改革を行ったのか」				
	・学制，兵制，税制の改革の目的や，当時の人々の受け止め方を示す資料を活用し，本時の課題について考察し，ワークシートに記入する。	●	●		●資料から本時の課題に関わる情報を適切に読み取っている。 ●江戸時代と比較をしながら，学制，兵制，税制の改革の目的を考察し，表現している。
	第6時　本時の課題：「新政府は近隣諸国とどのような関係を築いていったのか」				
	・各国との国境を示した地図や条約などの資料を活用し，日本と各国との関係を整理し，ワークシートに記入する。	●			●日本が，条約による近代的な国際関係を築く中で，国境を確定していったことを理解している。
	第7時　本時の課題：「なぜ明治初期，地域に近代的な工場が建設されたのか。また，人々の生活はどのように変化したのか」				
	・当時，西洋の新たな技術を導入して地域に造られた鉄道および駅舎（新橋駅），官営の工作機械工場（赤羽工作局）や官営の種苗会社（三田育種場）などについての資料を活用し，なぜそのような近代的な施設や工場の建設が急速に進められたのかについて考察し，相互に発表する。	●	●		●地域の施設や工場資料から，本時の課題に関わる情報を適切に読み取っている。(A(2)) ●地域の事例を通して，課題について諸政策と関連付けながら，政府が近代化を推進する目的を考察し，表現している。
	・資料を活用し，地域にも精肉店や牛鍋店，牛乳屋，靴店や鉄道が開業したことなどを読み取り，人々の生活がどのように変化したのかについて考察し，ワークシートにまとめて発表する。 ・教科書や資料集などを参考に，新たな施設や工場の全国的な広がりを確認するとともに，それらが港区に多く存在する理由について考察し，話し合う。	○			○時代的な背景や地域的な環境，現在とのつながりなどを関連させて，身近な地域の歴史的な特徴を考察し，表現している。(A(2))
小単元のまとめ	第8時　小単元の学習課題：「『明治維新』とはどのような国づくりをめざした動きだったのか」				
	・明治維新がどのような国づくりをめざしていたのかを，外国からの影響や江戸時代からの変化，地域との関わりに着目しながら，「小単元の学習課題」を考察し，ワークシートに記述する。		○		○明治政府の諸改革の目的，工業化の進展と政治や社会の変化，近代化がもたらした文化への影響などに着目し，小項目の課題について，多面的・多角的に考察，表現している。
		○			○明治維新が，日本の近代国家の基礎を整えていく過程であったことを理解している。
				○	○地域と歴史との関わりに関心をもって課題を追究しようとしている。(A(2))
	・小単元の学習を通して学んだことを振り返るとともに，中項目全体を貫く問いとの関わりを確認する。			●	●自己の学習を振り返り，調整しようとしている。

4　観点別学習状況の評価の進め方

　先に示した通り，本事例はC（1）「近代の日本と世界」ア（イ）「明治維新と近代国家の形成」にA（2）「身近な地域の歴史」と関わらせて作成された小単元である。従って，「2　単元の評価規準」で示した通り，2つのそれぞれの事項のねらいを踏まえた単元の評価計画が求められる。

（1）「知識・技能」

- 事例にある●印は，主に「技能」を確認する場面を表している。第2時と第7時の●印は，A（2）「身近な地域の歴史」に関わる評価の場面を表している。
- 第8時「小単元のまとめ」にある○印の場面は，この事例の冒頭に示した「小単元の学習課題」について，既習の知識を活用しつつ，明治維新の意味や意義についての概念的な知識が理解できているかについて評価を行う場面を表している。従って，明治維新の目的とそれが果たした役割について説明できていれば「おおむね満足できる」状況（B）と考えられる。

　例：「小単元のまとめ」における「知識・技能」について，「おおむね満足できる」状況（B）と
　　　考えられる生徒の記述

> 明治維新とは、列強から自分たち日本を守ることのできる十分な力のある国づくりをめざした動きだったと考えました。

（2）「思考・判断・表現」

- 各時にある●印は，学習課題に対して「歴史的な見方・考え方」を働かせて考察できているかを確認する場面を表している。その考察に課題がある場合は，個人や全体へのフィードバックを行い，目標に到達できるように指導を行うことが求められる。
- 第7時にある○印は，A（2）「身近な地域の歴史」に関わる評価の場面を表している。ここでは日本と地域の歴史を比較したり関連付けたりする中で，身近な地域の特徴を見いだしていれば「おおむね満足できる」状況（B）と考えられる。
- 第8時「小単元のまとめ」にある○印は，「小単元の学習課題」についての評価の場面を表している。例えば，明治維新の過程が，どのような状況への対応として生じたのか，その過程はどのような政治や社会の在り方をめざしていたものであったのかなどについて，国外や国内の情勢を関連付けて，目的やねらい，背景や影響，原因や結果などによって類型化したり，論理的に結び付けたりして多面的・多角的に考察できていれば，「おおむね満足できる」状況（B）と考えられる。

　また，「おおむね満足できる」状況（B）に至らなかった場合には，例えば「なぜ様々な改革を行う必要があったのだろう」や「開国や幕末の混乱はその後の社会の変化にどのような関わりがあっただろう」など，生徒の思考を導くための補助発問を加えるなどして，学習のねらいに至る考察の過程にいくつかの段階を設けて支援することなどが考えられる。

例：「小単元のまとめ」における「思考・判断・表現」について，B評価と考えられる生徒の記述

> そう考えた理由は、大政奉還のあと、明治政府は 統一国家であり、経済力や軍事力が 諸国よりまさっている列強と並ぶことのできるように、版籍奉還や廃藩置県を行い、日本 を統一国家にするための改革を行っているし、軍事の点でも 富国強兵をスローガンとして 列強が東アジアに勢力(勢)を伸ばしていることに 危機感を強め、徴兵令を出し全国統一の軍隊を作ろうとしていたからです。また近代化するために 西洋の技術や知識 を取り入れたり、国民の意識 向上 が近代化の基礎と考え、学制を公布した のも 列強に対抗するためだて考えたからです。

（3）「主体的に学習に取り組む態度」

・第3時にある●印は，A(2)「身近な地域の歴史」のねらいを踏まえ，「自らが生活する地域への関心をもって」課題を主体的に追究しようとしているかを確認する場面を表している。

・第8時にある●印は，中項目全体の見通しを踏まえた，「学びの自己調整」の確認を行う場面である。**事例3**にも示した通り，「主体的に学習に取り組む態度」については，中項目など「単元のまとまり」全体の中で評価することが適切であるため，「単元の評価基準」においてもC(1)「近代の日本と世界」の他の小単元と共通の内容が示されている。その点を踏まえ，ここでは，この小単元の学習を「中項目全体を貫く問い」と関連付けようとしているかを確認する。

・第8時にある○印は，A(2)「身近な地域の歴史」のねらいを踏まえ，「自らが生活する地域への関心をもって」課題を主体的に追究しようとしているかを評価する場面を表している。幕末の政治の動きや明治維新の諸改革などの日本の歴史の大きな流れと，身近な地域の変化とを結び付け，その関わりに関心をもって課題を追究しようとしているかを評価する。

補足 2 　【授業との関係を踏まえたワークシートや評価問題の工夫】

　以下は，学習指導要領C(1)ア(オ)「第一次世界大戦前後の国際情勢と大衆の出現」を基にした「小単元」の構成を示したものである。次頁の事例は，「小単元」を構成する「次」のうち「4次　文化の大衆化」について，A(2)「身近な地域の歴史」と関わらせて構成した事例である。この事例を踏まえ，ワークシートや評価問題の工夫について示す。

単元構成例と本事例
※中項目との関係は，「＜近代の日本と世界＞「内容のまとまり」（中項目）の単元構成例」（73頁）を参照のこと。 小単元5　第一次世界大戦前後の国際情勢と大衆の出現 　1次　第一次世界大戦の背景とその影響 　2次　民族運動の高まりと国際協調の動き 　3次　我が国の国民の政治的自覚の高まり 　<u>4次　文化の大衆化　（本事例）</u> 　5次　小単元のまとめ

本事例は1900年代から20年代の兵庫県内の鉄道会社が手がけた鉄道，住宅地開発，歌劇団の創設

に関する事業を題材としている。創業者の小林一三がその経営において注目したのが，日露戦争後に登場した俸給生活者(サラリーマン)などの新しい生活を営む人々の増加を伴う社会の変化であった。

　本次では，近代化がもたらした人々の生活への影響などに着目し，当時の社会の変化を捉え，「大衆の出現」についての理解を深めることをねらいとしている。なお，以下は「小単元」の学習の一部となる「次」の事例であるため，直接「評定に用いる評価」を行うものではない。事例にある●印は，後に示すワークシートなどを活用して，「小単元」のまとめに至った際に，他の「次」での学習における提出物などとあわせて「評定に用いる評価」を行うことが想定されている。

4次「文化の大衆化」　指導計画　　（〇…「評定に用いる評価」，●…「学習改善につなげる評価」）

時程	学習活動	評価の観点 知 思 態	評価規準等
	【本次のねらい】小林一三の事業を通して，1900年代から1920年代の日本社会の変化について理解する。 本次の学習課題「なぜ，小林一三の事業は成功したのだろうか，その理由を1900年代から1920年代の社会の変化から探ってみよう」		
第1時	【第1時のねらい】人々の生活の変化から大衆向けの娯楽が生み出されるなど，文化の大衆化が進んだことを理解する。 第1時の課題「小林一三の事業の特徴は何だろうか，どのような人々が利用していたかを手がかりに探ってみよう」		
	【導入】小林一三の主な事業（鉄道，少女歌劇団，宅地開発，デパートなど）を確認し，本次の問いについて予想して，ワークシートに記入する。	●	●本次の学習の見通しを立てて，学習を通して明らかにしようとしている。
	①第1時の課題について，資料【1914年と1927年の歌劇団の広告】を活用し，「宝塚少女歌劇団はどのように変化しているか。それはなぜか」という問いについて考察し，話し合った結果を発表する。 初公演（1914年）の新聞広告 	●	●資料から，宝塚少女歌劇団の変化について読み取っている。 1927年宝塚少女歌劇団の広告のイメージ図（阪急文化財団所有資料より作成） （※生徒の発表や発言例。以下同じ） （変化）「最初は温泉施設の余興だったが，大きな劇場で公演が行われている」「無料だったものが有料になっている」「女性や子供も訪れている」 （理由）「広告などの宣伝によって多くの人々に広まったから」「温泉ではなく，公演を見たいと思ってきているから」
	②資料【阪急沿線の主な行楽地】と【阪急電鉄の乗客数の推移】を活用し，少女歌劇団の劇場や行楽地，大きな都市などの場所を確認し，「なぜ，1920年代以降，阪急電車の乗客が増加したのだろうか」という問いについて考察し，話し合った結果を発表する。	●	●資料から，当時の社会の変化について読み取っている。 「沿線に住んでいる人が増えた」「通勤通学する人が増えた」「行きたい場所がその沿線にあるから」「遊びに行ける人が増えたから」
	③【住宅地の開発地区を示す地図】や会社が宣伝に使用した当時の【「憧れの生活」】を示す資料から，電車が開通したころの「あこがれ」とされた生活について読み取り，発言する。	●	●資料から，職住分離を理想とする新しい考えをもった人々が登場したことについて読み取っている。 「土地が広く水質もいい，病院や公園があり緑豊かなど，余裕を持ったくらし」「大阪（都市）まで15から20分ぐらいで行けるところ」

	〔まとめ〕 ・第1時の課題について，当時の社会の変化に着目して考察し，ワークシートに記入する。	●		●「小林一三の事業の特徴」について考察し，その結果を表現している。
第2時	【第2時のねらい】サラリーマンなどの増加などから，都市とその周辺，そこに暮らす人々の生活の変化が起こったことを理解する。 第2時の課題 「なぜ，この時期に人々の生活の変化が起こったのだろうか」			
	①教科書や資料集などから，当時人気があった娯楽の内容を確認した上で，娯楽の特徴について発表する。	●		●資料から，当時流行した娯楽の特徴を読み取っている。
				「映画やスポーツなどの人気があった」「雑誌や新聞などの普及から，多くの人々に情報が広まった」
	②資料【会社数】や，【工業生産額と農業生産額の変化】を活用し，「当時，多くの娯楽が生み出されたのはなぜか」という問いについて，産業構造の変化や国民所得の推移に着目して考察し，グループで話し合って発表する。		●	●サラリーマンなどの新しい階層の人々の登場と関連付けて考察し，その結果を表現している。 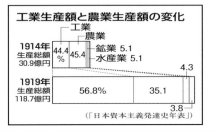
	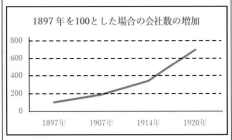			「サラリーマンなどの給料をもらって生活する人々が増加し，郊外に家を持って通勤し，休日に余暇を楽しむ生活を楽しもうとするような人々が増えたから」
	〔まとめ〕 ・第2時の課題について，教科書や資料集，既習の政治・経済の状況などを踏まえ，当時の人々の生活や社会の変化について考察し，ワークシートに記入する。	●		●「生活の変化がこの時期に起こった理由」について，当時の社会の変化を歴史の大きな流れと結び付けて考察し，その結果を表現している。
第3時	【本時のねらい】①小林一三の実業を通じて，社会の変化を考察し，「大衆の出現」について理解する。 ②本次における自己の学習を振り返り，学習の自己調整を促す。			
	第3時の課題（まとめ） 「なぜ，小林一三の事業は成功したのだろうか，その理由を1900年代から1920年代の社会の変化から探ってみよう」 <振り返り> 「第3時の課題についての自分の考えと，第1時のはじめに記した自分の考えを比べ，加わった点や新たに気付いた点について説明しよう」			
	・課題について，自己の考えをワークシートに記入する。 ・<振り返り>について，これまでの学習を振り返りワークシートに記入する。	● ●	●	●第1時，2時の学習を踏まえ，この時期の社会の変化を考察し，その結果を表現している。 ●この時期の「大衆の出現」の意味や意義を理解している。 ●自己の学習を振り返り，修正点や新たな気付きを示すなど，学習の自己調整をしようとしている。

【ワークシートの活用例】

　以下は，補足2の事例での活用を想定したワークシートの例である。ワークシート内の矢印は，生徒が資料を活用し，当初の漠然とした印象を具体的な知識として獲得したり，獲得した個別具体的な知識を，比較したり関連付けたりすることによって考察を深め，概念的に捉えたりしていく過程を表している。このようにワークシートに工夫を施すことで，思考や理解の深まりについての評価資料と

して活用することが考えられる。また，本ワークシートでは，生徒自身が学習への見通しから振り返りまでの思考の過程を確認することができるため，「主体的に学習に取り組む態度」の評価資料として活用することも考えられる。

【本次の学習課題】
「なぜ，小林一三の事業は成功したのだろうか。その理由を 1900 年代から 1920 年代の社会の変化から探ってみよう。」

○第 1 時　学習の見通し

【本次の学習課題に対する今の段階での自分の考え】
（生徒の記述例。以下，同じ。）
多くの人たちに楽しんでもらえる施設をつくったから成功したと言える。

○第 1 時の学習を終えて「小林一三が行った事業の特徴」

【本時の学習課題に対する考え】
小林の事業は，都市に通勤する人の住宅や，子どもや女性を含む多くの人が楽しむための娯楽，サービスなどを与える施設，住宅と会社，娯楽施設を結ぶ鉄道などを作るものだった。

【コメント例①】
○具体的に記述できるようになっていますね。
○当時の人たちの生活の変化に着目してみましょう。

○第 2 時の学習を終えて「当時の人々の生活が変化した理由」

【本時の学習課題に対する考え】
第一次世界大戦後の工業の発達にともなう企業の増加により，会社員やその家族が増加した。彼らが郊外に住居を求め，娯楽や余暇を求めることが増えたから。また，新聞や雑誌が普及したことなどによって，新しい生活へのあこがれも広まりやすくなったから。

【コメント例②】
○原因や背景などに着目して考察できていますね。

○学習の振り返り（第 3 時）

＜課題＞：本次の学習課題に対する自分の考え
小林一三は，【工場や会社の増加によって都市の生活者が増え，より快適な生活を求めたサラリーマンやその家族が登場したことや，情報網の発達により，多くの人が娯楽や余暇を過ごす環境を求めるようになったこと】などの，「社会の変化」に着目して事業を行ったから成功したと考えられる。

＜振り返り＞：第 1 時の「学習の見通し」の自分の考えと，第 3 時の課題 1 の自分の考えを比較して，加わった点や気付いた点を記入しよう！
最初は，「多くの人たちに楽しんでもらえる」と漠然と考えていたけれど，会社や工場に勤める人々が増えて，これまでとは違う生活の要求が生まれたりしたことなど，社会の変化の中で考えることができるようになった。

【コメント例③】
○新たに登場してきた人たちや彼らが求めたことに着目すれば，当時の社会の変化を説明できますね。

第 3 編
事例 4

【ペーパーテストの工夫例】

　以下は，前掲 補足2 の事例に即した評価問題の事例である。1900 年代から 1920 年代の社会状況の変化について，視点を踏まえた複数の資料を活用し，授業で獲得した概念的な理解の深まりや，考察や表現の深まりを確認する。

次の会話文を読んで，あとの問いに答えなさい。

教　師：　20 世紀の初めには，現在もさまざまな都市にある百貨店が登場しました。
　　　　　江戸時代の学習で出てきたのだけど，「三越」という名前を皆さん思い出せますか。

生徒A：　「三越」って，「三井越後屋」のことでしょ。江戸時代にできた呉服店だよ。

教　師：　「三越」は 1904 年に「デパートメントストア宣言」をしました。この宣言の後は，呉服だけではなく，輸入化粧品の販売もしています。さらに「宣言」の 3 年後には食堂や写真スタジオ，空中庭園も開設し，帽子，児童用品，洋服，旅行用品，玩具，かばん，靴などを取り扱うなど，商品の種類を増やしています。この時期は，洋服など海外から輸入された高級品を扱っていました。

生徒B：　【資料1】を見ると，1910 年代中ごろから 20 年代に「三越」は経営の方針を変化させているみたいですね。

生徒A：　例えば（　　　X　　　）していますね。

生徒B：　それ以前とでは，人々が「三越」に来た目的は同じだったのかな。

教　師：　よい質問ですね。1910 年代中ごろから 20 年代に「三越」が経営の方針を変えたのには意味があるはずです。この前の授業で勉強した，この時期の社会状況の変化と結び付けて考えてみましょう。

問1　1910 年代中ごろから 20 年代に，「三越」はどのように経営の方針を変化させたのでしょうか。【資料1】の年表から会話文の空欄（　　　X　　　）にあてはまるできごとを選んで記入し，「三越」がなぜそうしたのか，そのねらいを説明しなさい。

問2　三越が経営を変化させた要因には，当時の日本の社会の変化が関わっています。【資料2】及び【資料3】は，授業でも扱った資料です。これらの資料に【資料1】【資料4】を関連付けて，1910 年代中頃から 1920 年代に「三越」が経営の方針を変化させた要因と考えられる，日本の社会の変化を説明しなさい。

【資料1】　　　　　　1910～1920 年代の三越本店の主なできごと

1916	屋上茶室「空中庵」，一般に開放。（これまでは大切な客のもてなしや茶会などにのみ使用）。屋上庭園でも新たにソーダ水とアイスクリームの販売を開始。
1922	「三越マーケット」（一般衣類や日用品・雑貨類などを特別廉価（低価格）で販売する常設売場）を開設。
1927	三越ホール（現三越劇場）を開設。

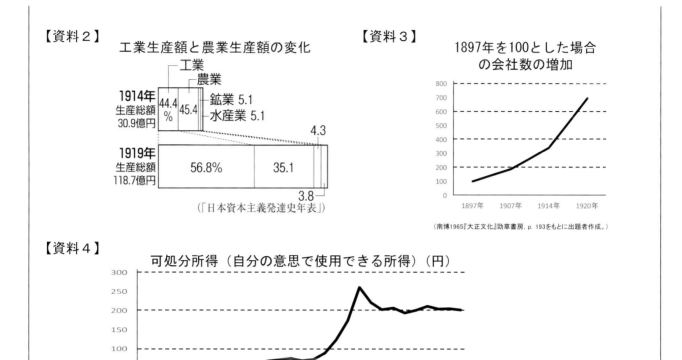

【資料2】工業生産額と農業生産額の変化
工業
農業
1914年 生産総額 30.9億円　44.4% ／45.4　鉱業 5.1／水産業 5.1
1919年 生産総額 118.7億円　56.8%　35.1　4.3／3.8
（「日本資本主義発達史年表」）

【資料3】1897年を100とした場合の会社数の増加
（南博1965『大正文化』勁草書房, p. 193をもとに出題者作成。）

【資料4】可処分所得（自分の意思で使用できる所得）（円）
（大川一司編1974『国民所得（長期経済統計1）』東洋経済新報社, p.237より出題者作成。）

本問作成の留意点は以下のとおりである。

・このペーパーテストでは，授業で扱った事例とは別の題材を提示し，すでに学習した個別具体的な知識の再現に留まらず，獲得した知識を活用して考察できるようにしている。

・**問1**は，事例について「変化」を視点として年表を読み取り，生徒が自ら選択した具体的な事象について説明するよう求め，事象のもつ意味や意義を捉えているかを確認している。**【資料1】**から任意の事象を取り上げ，そのねらいについて，百貨店が幅の広い経済階層を対象として顧客層を広げようとしている点を捉えることができているかについて評価する。解答例としては，「（できごと）『三越マーケットを開設』，（説明）『日用品などを安い価格で販売し，客層を増やそうとした』」などが考えられる。

・**問2**は，問1で見いだした事象の変化の要因（背景）について，当時の社会の変化と結び付けて考察，説明することを求め，社会状況の変化を概念的に捉えているかを確認する。**【資料2】【資料3】**は前述の授業事例でも扱った資料である。ここでは授業の内容を想起しつつ，産業構造の変化とそれに伴う会社数の増加によって「都市部に給料をもらって生活する新しい層が形成されていった」ことを読み取る。**【資料4】**では，1910年代中頃からの可処分所得の急激な上昇から，インフレーションの影響を含め，限られた層ではあるものの生活への余裕が生まれた人々が新たに登場し，娯楽や余暇などに消費活動が及んだことなどを推測する。これらの**【資料2】**〜**【資料4】**を関連付けて，当時の社会の変化を考察し，表現できているかについて評価する。解答例としては「生産総額が急増し，工業も発達する中で会社数も増加したため，都市で生活する人々が増え，買い物したり，劇場に行ったりして余暇を楽しむ人々も増えた」などが考えられる。

社会科（公民的分野）　　事例5
キーワード　指導と評価の計画から評価の総括まで

単元名	内容のまとまり
民主政治と政治参加	C　私たちと政治 (2)　民主政治と政治参加

1　単元の目標

　対立と合意，効率と公正，個人の尊重と法の支配，民主主義などに着目して，課題を追究したり解決したりする活動を通して，次の資質・能力を身に付けることができるようにする。

・　国会を中心とする我が国の民主政治の仕組みのあらましや政党の役割，議会制民主主義の意義，多数決の原理とその運用の在り方，国民の権利を守り社会の秩序を維持するために，法に基づく公正な裁判の保障があること，地方自治の基本的な考え方について理解する。

・　民主政治の推進と，公正な世論の形成や選挙など国民の政治参加との関連について多面的・多角的に考察，構想し，表現する。

・　民主政治と政治参加について，現代社会に見られる課題の解決を視野に主体的に社会に関わろうとする。

2　単元の評価規準

知識・技能	思考・判断・表現	主体的に学習に取り組む態度
・国会を中心とする我が国の民主政治の仕組みのあらましや政党の役割を理解している。 ・議会制民主主義の意義，多数決の原理とその運用の在り方について理解している。 ・国民の権利を守り，社会の秩序を維持するために，法に基づく公正な裁判の保障があることについて理解している。 ・地方自治の基本的な考え方について理解している。その際，地方公共団体の政治の仕組み，住民の権利や義務について理解している。	・対立と合意，効率と公正，個人の尊重と法の支配，民主主義などに着目して，民主政治の推進と，公正な世論の形成や選挙など国民の政治参加との関連について多面的・多角的に考察，構想し，表現している。	・民主政治と政治参加について，現代社会に見られる課題の解決を視野に主体的に社会に関わろうとしている。

3　指導と評価の計画の作成にあたって

　単元という，学習内容のまとまりにおいて適切に学習評価を実施できるよう，以下のとおり指導と評価の計画を作成する。

（1）「単元」の設定

　指導計画は，学習指導要領の「1　目標」（以下，「目標」）及び「2　内容」（以下，「内容」）に示された資質・能力を育成できるよう，生徒や学校，地域の実態を踏まえて作成する。その際，学習内容のまとまりを見いだし，適切に単元を設定することが大切である。なお，公民的分野においては，学習指導要領のA（1）「私たちが生きる現代社会と文化の特色」など，中項目を単元

とすることが適切と考えられる。

（２）「単元の目標」の設定

　単元における観点ごとの目標は，中項目を単元とする場合，それぞれの中項目に示されている「内容」を基に設定することができる。その際，「内容」に直接示されていない「学びに向かう力，人間性等」については，公民的分野の「目標」を基に，「観点の趣旨」を参考にしながら設定することが考えられる。また，この考え方に基づいて設定した「内容のまとまりごとの評価規準（例)」（p.114-118）の表現を参考にすることも考えられる。

（３）「単元の評価規準」の設定

　単元における観点ごとの評価規準を設定する際には，「指導と評価の一体化」に留意する。すなわち，指導と評価は別物ではなく，学習評価をその後の学習指導の改善に生かすという視点に立ち，単元の目標が達成できたかどうかを評価することが大切である。

　そこで，単元における観点ごとの評価規準については，単元の目標から設定されなければならない。具体的には，単元の目標と，「内容のまとまりごとの評価規準」の考え方や評価の観点及びその趣旨などを踏まえて設定する。

　なお，公民的分野の「内容のまとまりごとの評価規準（例)」は，学習指導要領の「内容」（「主体的に学習に取り組む態度」については公民的分野の「目標」）を基に設定されている。そのため，中項目を単元とする場合には，「内容のまとまりごとの評価規準（例)」を単元における観点ごとの評価規準とすることもできる。

（４）「単元の指導計画及び評価計画」の作成

①　「単元の指導計画」の作成

　今回の学習指導要領の改訂では「主体的・対話的で深い学び」の実現に向けた授業改善が求められ，深い学びを実現するためには，「社会的な見方・考え方」を働かせる問いを設定することの重要性が指摘されており，こうした問いを単元の指導計画に示すことは指導の充実を図る上で大切である。本事例でも「単元を貫く問い」や「各次の問い」を例示している。

　生徒が「主体的・対話的で深い学び」に向かう適切な問いを設定するためには，指導計画を作成する際，それまでの生徒の学習状況などを的確に把握し，問いに対する生徒の発言や活動をよく予測した上で，必要な助言，支援を準備しておくことが大切である。

　また，他教科等との関連，専門家や関係諸機関との連携・協働について記載しておくことは，「主体的・対話的で深い学び」の実現に向けた授業改善だけでなく，「社会に開かれた教育課程」の実現にもつながる。

②　「単元の評価計画」の作成

　学習評価の役割は，生徒に学習状況の診断を伝え，改善の方向性を示すと共に，教師の指導改善に役立てることである。また，学習評価は，妥当性や信頼性が確保されていることが重要である一方，評価のデータを集積するために，授業において必要以上に時間を費やしたり，授業後に，教師に過重な負担を強いたりするものであってはならない。単元の評価計画の作成に当たっては，これらのことに十分に留意する必要がある。

　そこで，第一に，単元の評価計画には，観点別学習状況の評価や評定に用いる「評定に用いる評価」と，観点別学習状況の評価や評定に用いないものの，学習状況を見取り，生徒の成長を認め励ますとともに必要に応じて指導，支援を行う「学習改善につなげる評価」をあらかじめ位置

付ける。具体的には，単元の学習過程において，各観点の評価を生徒にフィードバックし，必要があれば教師が指導，支援する「学習改善につなげる評価」を行い，生徒が学習状況の改善を図る機会をもった上で，「評定に用いる評価」を行うよう，単元の評価計画を作成する。生徒の資質・能力を確かに育むために，日々の授業で一人一人の学習状況を見取り，「学習改善につなげる評価」を行うことがとても大切である。その際，生徒一人一人の観点別学習状況の評価を記録する機会を精選し，教師が一層指導に傾注できるように工夫することも大切である。

　なお，指導と評価の展開例で「評定に用いる評価」（○）や「学習改善につなげる評価」（●）が位置付けられていない学習場面でも，生徒の学習状況を確認し，生徒の学習改善や教師の指導改善に生かして，生徒の資質・能力を確実に育むことが大切である。また，「評定に用いる評価」についても，生徒の学習改善や教師の指導改善に生かすことは言うまでもない。

　第二に，妥当性や信頼性が確保された評価とするため，単元の評価計画に，次のことを示す。
　　・評価規準等 ・・・「単元の評価規準」を学習活動に即して書き換え，「おおむね満足できる」状況（B）を具体的に設定するとともに，「努力を要する」状況（C）への手立てを設定する。
　　・評価の時期 ・・・各観点の趣旨にしたがい，単元を見通して適切に位置付ける。
　　・評価方法　・・・妥当性や信頼性が確保された評価になるように工夫する。

4　指導と評価の計画（２２時間）

（１）単元の指導計画

　単元の導入「社会を担う主権者となるためには」・・・・・・・・・・・・・・（１時間）
　第一次「社会の課題を解決するためには」・・・・・・・・・・・・・・・・・（４時間）
　第二次「社会の課題に国全体で取り組むためには～食品ロスを例に～」・・・・・・・（６時間）
　第三次「公正な裁判の保障により人々の人権を守るためには」・・・・・・・・・（４時間）
　第四次「私たちが住む地域の課題を私たちの力で解決していくためには」・・・・・・（６時間）
　単元のまとめ「主権者として社会に参画するためには」・・・・・・・・・・・・（１時間）

（２）単元における問いの構造

【単元を貫く問い】※単元の導入及び単元のまとめで生徒に提示
　社会をよりよいものにするために，最終的に決定する権力をもっている私たちはどのように政治に関わるのがよいだろうか。

【第一次の問い】社会に見られる課題を解決するために，私たちはどのように情報を入手し，判断して，物事を決めるのがよいだろうか。

【第二次の問い】社会の課題となっている食品ロスを解決するために，主権者である私たちはどのように国の政治に関わっていくのがよいだろうか。

【第三次の問い】裁判において公正に判断する上で大切なことはどのようなことだろうか。

【第四次の問い】よりよい○○市にするために，○○市議会議員補欠模擬選挙で，誰に投票したらよいだろうか。

（3）指導と評価の展開例

〇 「評定に用いる評価」 ●「学習改善につなげる評価」

次	ねらい・学習活動等	評価の観点 知	評価の観点 思	評価の観点 態	評価規準（評価方法）
単元の導入 1時間	【ねらい】単元を貫く問い「社会をよりよいものにするために，最終的に決定する権力をもっている私たちはどのように政治に関わるのがよいだろうか。」について，疑問を出し合うなど対話的な活動を通して学習課題を設定するとともに，この問いに対する答えを予想したり，この問いの解決に役立ちそうな情報を挙げたりするなど，課題解決への見通しをもたせる。				
	◇（学習活動の概要）グループでの対話的な学習で，単元を貫く問いに対する疑問を挙げながら，学習課題を設定するとともに，課題解決への見通しを立てる。 問（主発問）「社会をよりよいものにするために，最終的に決定する権力をもっている私たちはどのように政治に関わるのがよいだろうか」について疑問はないだろうか。また，この問いをどのように解決したらよいだろうか。 〔予想される疑問〕 「よりよい社会とはどのような社会か。」 「様々な考えがある中で，どのようにして社会全体で取り組むのか。」など 留〉（指導上の留意点） ・大項目 C(1)の「人間の尊重についての考え方」，「日本国憲法の基本的原則」や小学校社会科における我が国の政治に関する学習成果を生かすようにする。			●	●対立と合意，効率と公正，個人の尊重と法の支配，民主主義などに着目して，学習課題を見いだし，この問いに対する答えを予想したり，この問いの解決に役立ちそうな情報を挙げたりするなど，解決への見通しを立てている。（ワークシート）
第一次 4時間	【第一次のねらい】選挙や政党など，様々な人の意見をまとめ，課題を解決するためにどのような仕組みが整えられているかを理解させ，民主政治の推進には公正な世論の形成が必要なことについて考察させる。				
	【第一次の問い】社会に見られる課題を解決するために，私たちはどのように情報を入手し，判断して，物事を決めるのがよいだろうか。				
	◇身近で具体的な事例から，多数決の運用の在り方について考察する活動を通して多数決の原理とその運用の在り方について理解する。 問 様々な立場の人々の意見をどのようにまとめていったらよいだろうか。	●			●選挙に参加することの重要性について理解を深めている。（ワークシート）
	◇対立と合意，効率と公正，個人の尊重と法の支配，民主主義などに着目し，選挙に関する資料などを読み取り，選挙の意義や現状について考察し，表現する。 問 なぜ選挙が行われるのか。 ◇政党が議会制民主主義の運営上不可欠であることを歴史的分野の学習を踏まえ，理解するとともに，政党の主義，主張をインターネットで検索する。 問 政党はどのような役割を果たしているのか。 ◇政党に関する資料を読み取り，民主政治において，表現の自由と本次で学習したことを基に情報を批判的に読み取		●		●対立と合意，効率と公正，個人の尊重と法の支配，民主主義などに着目して，民主政治の推進と選挙との関連について多面的・多角的に考察し，分かりやすく表現している。（ワークシート）

	るなどして，メディアリテラシーが重要であることを理解するとともに，議論することを通して，国民の政治参加の意義について考察する。 問　主権者として自分の考えを政治に反映させるためにはどのような方法があり，どのようなことに留意すべきか。			○	○議会制民主主義の意義や，多数決の原理とその運用の在り方について理解している。（ワークシート，ペーパーテスト）

【第二次のねらい】「食品ロス削減推進法」の成立やその取組を例に，主権者である国民が直接選んだ代表者で構成される国会や，国会の信任に基づき成立する内閣の仕組みと役割を理解させ，私たちがどのように政治に参加していくべきか，対話的な活動を通して考察，構想させる。

【第二次の問い】社会の課題となっている食品ロスを解決するために，主権者である私たちはどのように国の政治に関わっていくのがよいだろうか。

第二次					
6時間	◇「食品ロス削減推進法」の成立やその取組を中心に食品ロスへの取組について調べ，国会と内閣の働きが人々や社会に与える影響について考察する。 問　食品ロスを改善する動きは，どのようにして始まったのだろうか。 留〉消費に関する学習につなげるようにする。	●			●食品ロスへの取組について，統計，新聞，インターネットなどから情報を収集している。（ワークシート）
	◇国会の役割とその意味を考察し，理解する。 問　国会はどのような役割を果たしているのか，またどのような仕組みで運営されているのか。	●			●国会の役割と仕組みについて理解している。（ワークシート）
	◇内閣の役割とその意味を考察し，理解する。 問　内閣はどのような役割を果たしているのか，またどのような仕組みで運営されているのか。	●			●内閣の役割と仕組みについて理解している。（ワークシート）
	◇三権の役割について憲法などを基に調べ，権力分立制の意味について考察し，理解する。 問　なぜ権力分立制がとられているのか。 ◇単元の見通しに立ち返ってここまでの学習を振り返る。 問　私たちが社会の課題を解決するために，主権者として国の政治にどのように関わることができるだろうか。法律ができれば大丈夫だろうか。 留〉本次の学習では，小学校第6学年における政治に関する学習成果を生かすようにする。	●	●		●権力分立制の意味について理解している。（ワークシート） ●対立と合意，効率と公正，個人の尊重と法の支配，民主主義などに着目して，権力分立制の意味について多面的・多角的に考察し，分かりやすく表現している。（ワークシート）
				●	●「単元の導入」に立てた見通しを踏まえて，学習を振り返り，次の学習や生活に生かすことを見いだしている。（ワークシート） ●我が国の政治や政治参加について関心をもち，問いを見いだし，その社会的意義を記述している。（ワークシート）

次	学習活動			評価
		○		○国会，内閣を中心とする我が国の民主政治の仕組みとその意味を理解している。（ワークシート，ペーパーテスト）
第三次 4時間	【第三次のねらい】模擬裁判の体験を基に，裁判で法などを根拠に公正に判断することの重要性について理解を深めさせ，法の支配の重要性や司法への参加の意義について考察させる。 【第三次の問い】裁判において公正に判断する上で大切なことはどのようなことだろうか。 ◇模擬裁判の体験を通して，司法や裁判に関する追究の意欲を高める。 問　どのように有罪／無罪を決定し，量刑を決めたらよいだろうか。（模擬裁判にチャレンジしよう） 留〉法教育推進協議会（法務省）「法やルールって，なぜ必要なんだろう？」を活用するなど，専門家や関係諸機関との連携・協働を図る。 ◇（模擬裁判での気付きから）対立と合意，効率と公正，個人の尊重と法の支配，民主主義などに着目し，司法の意味を考察し，公正な司法の重要性について理解する。 問　裁判の仕組みは，どのように私たちの人権を保障しているのだろうか。 ◇裁判員制度について資料を読み取り，考察し，その意義を理解する。 問　私たちが裁判員として裁判に参加することにはどのような意味があるのだろうか。	● ○	●	●三審制の意味について理解している。（ワークシート，ペーパーテスト） ●対立と合意，効率と公正，個人の尊重と法の支配，民主主義などに着目して，人権の保障と裁判の仕組みの関係を見いだしている。（ワークシート） ○国民の権利を守り，社会の秩序を維持するために，法に基づく公正な裁判の保障があることについて理解している。（ワークシート，ペーパーテスト）
第四次 6時間	【第四次のねらい】地方自治についての理解を深めさせるとともに，私たちの住む地域をよりよい市にしていくために，どのように地方自治に関わり，課題を解決していくべきか，対話的な活動を通して深めたことを基に考察，構想させる。 【第四次の問い】 よりよい○○市にするために，○○市議会議員補欠模擬選挙で，誰に投票したらよいだろうか。 ◇地方自治の意義について，身近な事例を基に考察し，理解する。 問　地方公共団体の政治は，私たちの生活にどのような影響をもたらすだろうか。 ◇地方公共団体や地方自治の仕組みについて国の仕組みと比較しながら考察し，理解する。 問　地方公共団体はどのようにして住民の願いを実現して	●		●直接請求権の意味について理解している。（ワークシート）

| | | | ● | | | ●対立と合意，効率と公正，個人の尊重と法の支配，民主主義などに着目して，政策の優先順位を考察，構想し，候補者を選び，判断に至った自らの考えを分かりやすく表現している。（ワークシート，発言） |

いるのだろうか。

留〉上の二つの問いについては，国の政治の仕組みと比較することにより，地方自治の特色を見いださせる。

◇模擬選挙の資料（立候補者の政策）を読み取り，地元の地方公共団体の財政などについて調べ，考察し，選択・判断する（模擬投票を行う）。

問　あなたの願いを実現させるために，誰に投票したらよいだろうか。

○地方公共団体の政治の仕組み，住民の権利や義務など，地方自治の基本的な考え方について理解している。（ワークシート，ペーパーテスト）

単元のまとめ　1時間

【「単元のまとめ」のねらい】単元を貫く問いに戻り，主権者である国民の政治参加の在り方について考察，構想させる。また，単元の学習を振り返らせる。

【単元を貫く問い】社会をよりよいものにするために，最終的に決定する権力をもっている私たちはどのように政治に関わるのがよいだろうか。

◇前次に実施した模擬選挙の投票と結果に対する考察を基に，社会をよりよいものにするために主権者として政治にどのように関わるかを考察，構想する。

問　【単元を貫く問い】社会をよりよいものにするために，最終的に決定する権力をもっている私たちはどのように政治に関わるのがよいだろうか。

留〉単元を貫く問いに対し自らの考えをまとめる際は，具体的な現実社会の諸課題を取り上げ，社会参画を視野に，自らの行動と結び付けて考察，構想するよう指導する。

○対立と合意，効率と公正，個人の尊重と法の支配，民主主義などに着目して，主権者として政治参加の在り方について多面的・多角的に考察，構想し，表現している。（ワークシート）

○単元の導入に立てた見通しを踏まえて学習を振り返り，次の学習や生活に生かすことを見いだしている。（ワークシート）

○我が国の政治や政治参加について関心をもち，問いを見いだし，その社会的意義を記述している。（ワークシート）

5　観点別学習状況の評価の進め方

（1）観点別学習状況の評価

①　知識・技能

　「知識・技能」については，民主政治と政治参加に関する理解について評価する。

各次の学習の過程で理解の状況を見取り，「学習改善につなげる評価」を行う。「おおむね満足できる」状況（B）に達していない生徒がいる場合は，次の授業以降に再度説明するなど，確実に理解させる手立てが必要となる。このような指導，助言を行った上で，次末に「評定に用いる評価」を行う。評価方法は，ワークシート等に論述したものやペーパーテストによる評価が考えられる。

また，情報を収集し，読み取り，まとめる場面では，本単元までに身に付けた技能が活用されているか，「学習改善につなげる評価」を行い，必要な指導や助言を行う。

② 思考・判断・表現

「思考・判断・表現」については，「現代社会の見方・考え方」など，「社会的な見方・考え方」を働かせ，習得した知識及び技能を活用しながら考察，構想し，表現できているかを評価する。

第一〜四次において「学習改善につなげる評価」を行い，生徒に必要な指導や助言をした上で，「単元のまとめ」で「評定に用いる評価」を行う。この観点の評価で留意すべきことは，考察や構想にあたって，「対立と合意」，「効率と公正」，「個人の尊重と法の支配」，「民主主義」などに着目しているかどうかを確認することである。したがって，「学習改善につなげる評価」で生徒がこれらの概念に着目していない場合，これらについて復習したり，考察する際に着目できるよう必要な指導や助言を行ったりするなどした上で，「単元のまとめ」で「評定に用いる評価」を行うことが大切である。

③ 主体的に学習に取り組む態度

「主体的に学習に取り組む態度」については，民主政治と政治参加に関する学習に対して，自らの学習を調整しようとしながら粘り強く取り組み，民主政治や政治参加の重要性から，主体的に社会に関わろうとする態度について評価する。このうち，「自らの学習を調整しようとしながら粘り強く取り組む状況」については，単元末で，単元の始めに立てた見通しを踏まえて学習を振り返り，次の学習や生活に生かすこととして見いだした内容により評価する。一方，「主体的に社会に関わろうとする態度」については，単元の学習後も関心をもって自ら追究し続けたい，解決，改善を図っていきたいこととして見いだした，問いの内容とその社会的意義の記述によって評価する。具体的には，「単元の導入」で，単元の学習の見通しをもたせる。第二次で，「学習改善につなげる評価」を行い，必要な指導や助言を行った上で，「単元のまとめ」でのワークシートへの記述を基に「評定に用いる評価」を行う。詳しくは，事例6をご覧いただきたい。

（2）観点ごとの評価の総括

単元における観点ごとの評価については，「評定に用いる評価」を基に，下表のように行うことが考えられる。なお，「学習改善につなげる評価」（●）については，表中の評価場面に限らず，適宜実施し，生徒にフィードバックして資質・能力の育成を図るようにする。

氏名	観点＼次	単元の導入	第一次	第二次	第三次	第四次	単元のまとめ	単元の観点別評価
国研太郎	知・技		●→○25%	●→○25%	●→○25%	●→○25%		A〜C
	思・判・表		●	●	●	●	○100%	A〜C
	主体的態度	●		●			○100%	A〜C

資料１　単元を見通して学び，振り返るワークシートの例

各次のまとめを積み重ね，単元末に学習を振り返りながらまとめとして活用する。

> **単元を貫く問い**　社会をよりよいものにするために，最終的に決定する権力をもっている私たちはどのように政治に関わるのがよいだろうか。

単元の導入　社会を担う主権者となるために

「単元を貫く問い」を読んで生まれた疑問

「単元を貫く問い」に対する答えの予想

問いの解決のために役立ちそうな既習事項

1　社会の課題を解決するために

まとめ	学習を振り返って気付いたこと
なぜ議会を通じて政治が行われるのか。議会制民主主義がうまく機能するために大切なことは何か。 問いは予め書かず，記入させる際に教師が提示する。 知 A・B・C	授業者が評価を記入する。

2　社会の課題に国全体で取り組むには〜食品ロスを例に〜

まとめ	学習を振り返って気付いたこと
国会，内閣はそれぞれどのような役割を担っているのか。また，どのような関係にあるか。 知 A・B・C	学習者が学習を通して気付いた点や以降の学習への見通しを記入する。授業者は記述などから学習の改善に向けた助言を行う。

3　公正な裁判の保障は人々の人権を守ることになるのか

まとめ	学習を振り返って気付いたこと
なぜ裁判は法に基づいて行われるのか。私たちの人権を守ることとの関係を説明してみよう。 知 A・B・C	

4　社会の課題を私たちの力で解決していくために

まとめ	学習を振り返って気付いたこと
なぜ地方公共団体の政治は国と異なるのか。 知 A・B・C	

単元のまとめ　主権者として社会に参画するためには

① これまでの学習を生かして「単元を貫く問い」の答えを論述しよう。その際，「対立と合意」，「効率と公正」，「個人の尊重と法の支配」，「民主主義」などに着目してみよう。
思 A・B・C

② 単元の学習を振り返り，これからも問い続けて（考え続けて）いきたいことと，問い続けたい理由（解決によって社会をどのようにしていきたいのか）を書こう。
態 A・B・C

1．いよいよ投票日です。私たちの代表者（定数1）を選ぶ時がきました。
　　選挙広報誌を確認してみましょう。

A候補	B候補	C候補	D候補
ポスター	ポスター	ポスター	ポスター
台風の被害が大きくなる中,風雨による災害対策を充実させます。	多くの市民が不安に思っている老後の生活について,市独自に高齢者への給付を行い,安心な老後を実現します。	待機児童問題を解消させるために,保育所への補助や働く子育て世代への支援を充実させます。	情報化社会が進展しAIが進化する中，AIを含む新たな情報技術に強い人材の育成に力を入れます。

2．選挙を終えて（出口調査）

候補に投票した	選んだ理由

3．開票結果

A候補	B候補	C候補	D候補
票	票	票	票

4．選挙を振り返って

第3編
事例5

- 91 -

社会科（公民的分野）　　事例6

キーワード　「主体的に学習に取り組む態度」の評価

単元名

　　世界平和と人類の福祉の増大

内容のまとまり

D　私たちと国際社会

(1) 世界平和と人類の福祉の増大

1　単元の目標

　対立と合意，効率と公正，協調，持続可能性などに着目して，課題を追究したり解決したりする活動を通して，次の資質・能力を身に付けることができるようにする。

・世界平和の実現と人類の福祉の増大のためには，国際協調の観点から，国家間の相互の主権の尊重と協力，各国民の相互理解と協力及び国際連合をはじめとする国際機構などの役割が大切であることを理解する。その際，領土（領海，領空を含む。），国家主権，国際連合の働きなど基本的な事項について理解する。また，地球環境，資源・エネルギー，貧困などの現代社会に見られる諸課題の解決のために経済的，技術的な協力などが大切であることを理解する。

・日本国憲法の平和主義を基に，我が国の安全と防衛，国際貢献を含む国際社会における我が国の役割について，多面的・多角的に考察，構想し，表現する。

・世界平和と人類の福祉の増大について，現代社会に見られる課題の解決を視野に主体的に社会に関わろうとする。

2　単元の評価規準

知識・技能	思考・判断・表現	主体的に学習に取り組む態度
・世界平和の実現と人類の福祉の増大のためには，国際協調の観点から，国家間の相互の主権の尊重と協力，各国民の相互理解と協力及び国際連合をはじめとする国際機構などの役割が大切であることを理解している。その際，領土（領海，領空を含む。），国家主権，国際連合の働きなど基本的な事項について理解している。 ・地球環境，資源・エネルギー，貧困などの現代社会に見られる諸課題の解決のために経済的，技術的な協力などが大切であることを理解している。	・対立と合意，効率と公正，協調，持続可能性などに着目して，日本国憲法の平和主義を基に，我が国の安全と防衛，国際貢献を含む国際社会における我が国の役割について，多面的・多角的に考察，構想し，表現している。	・世界平和と人類の福祉の増大について，現代社会に見られる課題の解決を視野に主体的に社会に関わろうとしている。

第3編
事例6

3　指導と評価の計画（15時間）

（1）単元の指導計画

第一次　　（単元の導入）国際社会の課題　・・・・・・・・・・・・・・・・・・・・・（2時間）

第二次　　国際社会の課題と課題への取組①　領土をめぐる問題，紛争，テロ，核兵器　・・・（3時間）

第三次　　国際社会の課題と課題への取組②　資源・エネルギー，貧困などの課題　・・・・（3時間）

第四次　　国際社会の課題と課題への取組③　地球環境問題　・・・・・・・・・・・・（2時間）

第五次　　国際社会の課題と課題への取組④　世界の人々の人権の保障　・・・・・・・・・（2時間）

第六次　　（単元のまとめ）世界平和と人類の福祉の増大のために日本が果たすべき役割・・（3時間）

（2）単元における問いの構造

【第一次の問い】
よりよい社会を築いていくために，国際社会で取り組むべき課題にはどのようなものがあるだろうか。

【単元を貫く問い】※第一次で設定し，第六次で解決を図る
世界平和と人類の福祉の増大のために，日本はどのような役割を果たしていくべきだろうか。

【第二次の問い】国際社会は，領土をめぐる問題や紛争，テロ，核兵器の脅威に，どのように取り組んできたのだろうか。	【第三次の問い】国際社会は，限りある食料や資源の分配と格差，ヒトやモノなどの移動（国境を越えた労働や貿易）などの課題にどのように取り組んできたのだろうか。	【第四次の問い】国際社会は，地球環境問題にどのように取り組んできたのだろうか。	【第五次の問い】国際社会は，世界の人々の人権の保障にどのように取り組んできたのだろうか。

（3）指導と評価の展開例

○ 「評定に用いる評価」　●「学習改善につなげる評価」

次	ねらい・学習活動等	知	思	態	評価規準（評価方法）
第一次 2時間	【第一次のねらい】現代の国際社会には，様々な課題があることに気付かせ，単元の学習への関心（課題解決への意欲）を高めるとともに，単元の学習に見通しをもたせる。				
	【第一次の問い】よりよい社会を築いていくために，国際社会で取り組むべき課題にはどのようなものがあるだろうか。				
	◇（学習活動の概要）グループで，国際社会で取り組むべき課題についてインターネットなどで調べ，発表する。 問（主発問）よりよい社会を築いていくために，国際社会で取り組むべき課題にはどのようなものがあるだろうか。 留（指導上の留意点） ・課題解決の必要性が伝わるように発表するよう生徒に指導し，互いの発表を聞くことにより，それぞれの課題を解決しようとする意欲をもたせる。 ・国際社会で取り組むべき課題を見いだす過程で，「よりよい社会」とは，国際平和の実現や世界の人々の福祉の充実とつながりがあることに気付かせる。 ◇国際社会の課題を解決しようとする生徒の意欲から，次のように単元の学習課題を設定し，単元の学習の見通しを立てる。	●			●国際社会で取り組むべき課題について，図書，統計，新聞，インターネットなどから情報を収集している。（観察） 〈生徒が見いだすと思われる課題〉 ・紛争やテロ ・貧困や飢餓の問題 ・領土をめぐる問題 ・地球環境問題 ・貿易に関する対立 ・人権の保障（教育を受けられない子供たちなど）
	【単元を貫く問い】世界平和と人類の福祉の増大のために，日本はどのような役割を果たしていくべきだろうか。				
				●	●単元の学習課題の解決に向

第二次				
	【第二次のねらい】世界平和が脅かされたり損なわれたりすることに結びつきやすい，領土をめぐる問題，紛争やテロ，核兵器の脅威について情報を読み取り，考察する活動を通して，国際社会の様々な課題を解決するためには，各国家の役割が大きいことや，国際政治は国際協調の観点に基づいて，国家間の対立の克服が試みられていること，国家主権は相互に尊重されるべきものであるが守られない場合があり，国際連合をはじめとする国際機構の役割が大きくなっていることを理解させる。			

3時間	【第二次の問い】国際社会は，領土をめぐる問題や紛争，テロ，核兵器の脅威にどのように取り組んできたのだろうか。			
	◇領土をめぐる問題や北朝鮮による日本人拉致問題への我が国の取組について調べ，発表し，これらについて理解する。また，この過程で国家主権や国際連合の働きについて理解する。 問 領土をめぐる問題を解決するため，各国や国際機構はどのような取組ができるだろうか。 留〉第二次以降で取り上げる社会的事象については，解決を困難にしている要因を追究させ，第六次で構想する際の参考にさせる。	●		●国際連合の役割と，国際連合をはじめとする国際機構の役割が，各国間の対立を平和的に解決する上で大切であることを理解している。（ノート）
	◇紛争やテロについて，教科書で取り上げられている事例などを読み取り，国際協調の観点に基づいて国家間の対立の克服が試みられていることに気付き，理解する。 問 国際社会では，どのようにして国家間の対立の克服が試みられているのだろうか。 留〉・日本国憲法における平和主義の原則に関する学習成果を生かすようにする。 ・紛争やテロの背景には，経済格差や貧困，民族や宗教の対立などがあること，紛争やテロは，人々の生命を奪うばかりでなく，人権を侵害することに気付かせるようにする。 ◇核兵器の脅威と国際社会の取組に関する資料を読み取り，その成果と課題を考察し，理解する。 問 核兵器の脅威に対し，国際社会はどのような取組を行ってきたのだろうか。 留〉核について，全ての国々が合意できる結論には至っていないものの，各国の合意により議論の場が設けられていることに気付かせる。また，ＮＧＯの活動について考察させる。		●	●対立と合意，効率と公正，協調，持続可能性などに着目し，紛争やテロの背景及び人々や社会への影響について多面的・多角的に考察している。（発言，ノート）
		○		○領土をめぐる問題や紛争，テロ，核兵器の脅威などの課題について，国家主権は相互に尊重されるべきものであるが守られない場合があり，国際連合をはじめとする国際機構の役割が大きくなっていることを理解している。（ノート）

第3編
事例6

第三次	【第三次のねらい】限りある食料や資源の分配と格差，ヒトやモノなどの移動（国境を越えた労働や貿易）などの課題について，それらの現状（取組を含めて）のおおよそについて情報を読み取り，世界平和と人類の福祉の増大の観点から国際社会が目指すべき方向とその意味について考察する活動を通して，国家間の相互の主権の尊重と協力，各国民の相互理解と協力及び国際連合をはじめとする国際機構などの役割が大切であることを理解させる。				
3時間	【第三次の問い】国際社会は，限りある食料や資源の分配と格差，ヒトやモノなどの移動（国境を越えた労働や貿易）などの課題にどのように取り組んできたのだろうか。				

◇貧困の撲滅に向けて，日本のODAや国際連合のMDGs，NGOや企業の取組について情報を読み取り，考察し，世界の人々が同じビジョンをもって協力することの重要性を理解する。

問　貧困に苦しむ人々に対して，各国や国際機構はどのような取組をしてきたのだろうか。

留〉・国際機構の取組の一つとしてMDGsを取り上げ，その成果と課題を捉えさせる。また，その課題の解決を目指して新たにSDGsに取り組んでいることに気付かせ，その内容に関心をもたせる。

・国家や国際機構だけでなく，NGOや企業が大きな役割を果たしていることにも気付かせる。

◇貿易をめぐる動向（自由貿易，地域統合など）とその背景について情報を収集し，貿易に対するグローバル化の影響と世界が目指すべき方向について考察する。

問　グローバル化が進む中で，世界はどのように貿易に取り組んでいったらよいのだろうか。

●〈第一列目〉

●貧困の撲滅のためには，国家間の協力，各国民の相互理解と協力及び国際連合をはじめとする国際機構などの役割が大切であることを理解している。（ノート）

●日本のODAや国際連合のMDGs，NGO，企業の取組についての情報を適切に読み取っている。（ノート，発言）

●〈第二列目〉

●対立と合意，効率と公正，協調，持続可能性などに着目して，貿易におけるグローバル化の影響と世界が目指すべき方向について多面的・多角的に考察，構想し，表現している。（発言，ノート）

●〈第三列目〉

●第一次に立てた見通しを踏まえて，学習を振り返り，次の学習や生活に生かすことを見いだしている。（ワークシート）

●国際社会の動きについて関心をもち，問いを見いだし，その社会的意義を記述している。（ワークシート）

○限りある食料や資源の分配，貧困や格差の解消，貿易をめぐる対立などの課題を解決するためには，国家間の協力や各国民の相互理解と協力，国際機構などの役割が大切であることを理解している。（ノート，ペーパーテスト）

第3編
事例6

<table>
<tr>
<td rowspan="2">第四次</td>
<td colspan="3">【第四次のねらい】地球環境問題について，対立と合意，効率と公正，協調，持続可能性などに着目して，その現状及び取組に関する情報を読み取り，地球環境問題に対して国際社会が目指すべき方向について考察する活動を通して，国家間の相互の主権の尊重と協力，各国民の相互理解と協力及び国際連合をはじめとする国際機構などの役割が大切であることを理解させる。</td>
</tr>
</table>

<table>
<tr>
<td rowspan="2">2時間</td>
<td colspan="3">【第四次の問い】国際社会は，地球環境問題にどのように取り組んできたのだろうか。</td>
</tr>
<tr>
<td>
◇地球環境問題について，その現状とこれまでの取組を調べ，考察し，理解する。

問 国際社会は，地球環境問題にどのように取り組んできたのだろうか。

留）・地球環境問題について，地理的分野や理科，総合的な学習の時間など他教科等での学習成果を生かすようにする。
・国際会議などにおける各国の主張を基に，各国が対立し地球環境保全の取組が進まない要因について考察させる。
・将来の世代のニーズを満たすようにしながら，現在の世代のニーズを満たすような社会を形成する必要があることに気付かせるようにする。
</td>
<td>● ○</td>
<td>
●地球環境問題について，国際機構などのこれまでの取組や，国家間などで合意していることと対立していることについて理解している。（ノート）

●対立と合意，効率と公正，協調，持続可能性などに着目して，地球環境問題に対する取組について，多面的・多角的に考察し，表現している。（ノート）

○地球環境問題に取り組む上で，国家間の協力や各国民の相互理解と協力，国際機構などの役割が大切であることを理解している。（ノート）
</td>
</tr>
</table>

<table>
<tr>
<td rowspan="2">第五次</td>
<td colspan="3">【第五次のねらい】世界の人々の人権の保障について，対立と合意，効率と公正，協調，持続可能性などに着目して，その現状，国際社会の取組について情報を読み取り，考察する活動を通して，世界の人々の人権を保障するためには，国家間の相互の主権の尊重と協力，各国民の相互理解と協力及び国際連合をはじめとする国際機構などの役割が大切であることを理解させる。</td>
</tr>
</table>

<table>
<tr>
<td rowspan="2">2時間</td>
<td colspan="3">【第五次の問い】国際社会は，世界の人々の人権の保障にどのように取り組んできたのだろうか。</td>
</tr>
<tr>
<td>
◇世界の人々の人権の保障に関する現状，国際社会の取組について情報を読み取り，考察し，世界の人々の人権の保障のためには，国家間の相互の主権の尊重と協力，各国民の相互理解と協力及び国際連合をはじめとする国際機構などの役割の大切さを理解する。

問 国際社会は，世界の人々の人権の保障にどのように取り組んできたのだろうか。

留）大項目C(1)における人権に関する学習成果を生かす。
</td>
<td>● ○</td>
<td>
●国際連合が定めた世界人権宣言や国際人権規約などの国際法によって，世界の人々の人権の保障が推進されてきたことを理解している。（ノート）
●対立と合意，効率と公正，協調，持続可能性などに着目し，世界の人々の人権の保障に関する現状と国際社会の取組について多面的・多角的に考察し表現している。（発言，ノート）
○世界の人々の人権を保障するためには，国家間の相互の主権の尊重と協力，各国民の相互理解と協力及び国際連合をはじめとする国際機構などの役割が大切であることを理解し
</td>
</tr>
</table>

				ている。(ノート, ペーパーテスト)

【第六次のねらい】第二～五次で学習したことを生かし, 世界平和と人類の福祉の増大のために日本が果たすべき役割についてグループで協働して考察, 構想させる。その上で, 世界平和と人類の福祉の増大に向けた課題の解決策と自分自身の行動宣言を個人でまとめさせ, 分かりやすく, 効果的に発表させる。

【第六次の問い（＝単元を貫く問い）】世界平和と人類の福祉の増大のために日本はどのような役割を果たしていくべきだろうか。

| 第六次 3時間 | ◇本単元で学んだことなどを生かし, 世界平和と人類の福祉の増大のために必要なことと, 国家間などの協調を妨げていることをグループで見いだし, 発表する。

問 世界平和と人類の福祉の増大のために必要なことは何だろうか。

留）・国際的なスポーツイベントで, 選手や観戦者が各国の国旗や国歌を相互に尊重していることに着目させるなど, 小学校社会科で学んだことを生かすようにする。
・宗教や民族の多様性に配慮することが協力の前提として大切であることに気付かせるようにする。
・国家だけでなく, ＮＧＯや企業など様々な立場から考えさせるようにする。
・グループでの追究活動や学級全体での情報共有により, 次の個人による追究活動のヒントとなるようにする。
・短時間で, 分かりやすく効果的な発表になるよう, 提示資料や発表の仕方を工夫させる。 | ● | ● | ●資料を効果的に活用し, 分かりやすくまとめている。（発表に用いた資料）

●対立と合意, 効率と公正, 協調, 持続可能性などに着目して, 世界平和と人類の福祉の増大のために日本はどのような役割を果たしていくべきか, 多面的・多角的に考察, 構想し, 分かりやすく, 効果的に表現している。（発表） |
| | ◇本単元で学んだことを生かして, 世界平和と人類の福祉の増大のための自分自身の取組について考察, 構想する。

問 世界平和と人類の福祉の増大のために, 私自身にできることは何だろうか。

┌─────────────────────────┐
│【課題】世界平和と人類の福祉の増大のために, あなた自身に│
│できることは何だろうか。これまでに学んだこととあなたの身│
│近な事柄を結び付けて解決策と行動宣言をまとめてみよう。│
│
│ 解決すべきこと（解決すべき理由）│
│
│ 解決策 │
│
│ 行動宣言 │
└─────────────────────────┘ | | ● ○ ○ | ●本次の追究活動について個人で取り組むべきテーマを見いだし, 粘り強く課題の解決策と行動宣言をまとめようとしている。（観察, 聞き取り）
○対立と合意, 効率と公正, 協調, 持続可能性などに着目して, 現代社会の諸課題について, 多面的・多角的に考察, 構想し, 解決策と行動宣言をまとめている。（ワークシート）
○第一次に立てた見通しを踏まえて, 学習を振り返り, 次の学習や生活に生かすことを見いだしている。（資料１）
○国際社会や世界平和と人類の福祉の増大について関心をもち, 問いを見いだし, その社会的意義を記述している。（資料１） |

注：○や●が付されていない学習場面においても, 生徒の学習状況を確認し, 生徒の学習改善や教師の指導の改善に生かすことは大切である。

学びのあしあと

1 はじめに ～見通しをもって単元の学習に臨もう～

単元を貫く問い

「世界平和と人類の福祉の増大のために，日本はどのような役割を果たしていくべきだろうか。」

現時点での考え

（これまでの学習から，「世界平和と人類の福祉の増大」のために取り組むべき事にはどのようなことがあるだろうか。どうしたらよりよくなるだろうか。）

必要な情報とその情報の入手方法

2 単元の学習の途中で

（単元を貫く問いについて考えたことや友人や先生の話したことで心に残ったものをメモしておこう。）

3 単元の学習を終えて

この単元の自分自身の学習への取組 　（線の上に〇を書こう。）

よい	3	2	1	よくない

今後の学習や生活に生かしたいこと

これからも考え続けていきたいこと（それは，社会にとってどのような意義があるの？）

4 「主体的に学習に取り組む態度」の評価

　「主体的に学習に取り組む態度」については，国際社会に関する学習に対して，自らの学習を調整しようとしながら粘り強く取り組み，世界平和と人類の福祉の増大のために，主体的に社会に関わろうとする態度について評価する。このうち，「自らの学習を調整しようとしながら粘り強く取り組む状況」については，単元末で，単元の始めに立てた見通しを踏まえて学習を振り返り，次の学習や生活に生かすこととして見いだした内容により評価する。また，公民的分野の評価規準に位置付いている「主体的に社会に関わろうとする態度」については，単元の学習後も関心をもって自ら追究し続けたい，解決，改善を図っていきたいこととして見いだした，問いの内容とその社会的意義の記述によって評価する。単元の授業が終了した時に，問いを見いだしているということは，生徒が，単元の学習

終了後も進んで問いを解決するために必要な情報を収集したり，それらをもとに友人や家族などと議論するなどして考えたりし続けることを意味する。評価方法として，単元の終末で，生徒一人一人にワークシートなどに，単元の学習終了後も問い続けていきたいこと及びその社会的意義について記入させることが考えられる。

　これらのことについて，本事例では，資料1の「3　単元の学習を終えて」の部分の記述によって評価する。

　「今後の学習や生活に生かしたいこと」については，単元の学習を振り返って，問いに対する取組や学習したことから今後の学習や生活に生かそうとすることを見いだしていれば「おおむね満足できる」状況（B）と判断する。例えば，「□□さんの意見をもとに自分の考えを修正したところ，修正前よりよいものができた。次の学習でも異なる考えを聞きながら自分の意見を考え直すことを大切にしたい。」と書いたものや，「これからの社会の在り方を判断する際，持続可能性の点から考えることはとても大切だと分かった。これから，自分の子供たちの世代のことも考えて判断していきたい。」と書いたものはこれに当たる。

　なお，粘り強く，試行錯誤しながら課題解決に取り組んでいる姿が見られた生徒が，「3　単元の学習を終えて」への記述において「おおむね満足できる」状況（B）に達していると判断できる記述が書けない場合も考えられる。そこで，「3　単元の学習を終えて」を記述する際，「2　単元の途中で」を参考にさせたり，単元の始めに立てた見通しに立ち返って振り返るよう助言したり，「課題の解決策を考える上で難しかったことはどんなことだったかな。どのようにして解決策を考えたのかな。」「『こうすればもっとよかった』と思ったことはあるかな。」などと教師が平易に尋ねるなどの支援も考えられる。

　「主体的に社会に関わろうとする態度」については，学習した内容やそれに関連することの中から「これからも問い続けていきたいこと（追究していきたいこと）」を挙げるとともに，その社会的意義を簡単に記述していれば「おおむね満足できる」状況（B）と判断する。例えば，「紛争やテロの問題を解決したい。全ての人々の安全保障が，我が国の安全とも深く関係していると思うので。」と書いたものはこれに当たる。

　そして，「自らの学習を調整しようとしながら粘り強く取り組む状況」と「主体的に社会に関わろうとする態度」についての記述が，いずれも「おおむね満足できる」状況（B）の場合，「主体的に学習に取り組む態度」の評価を「おおむね満足できる」状況（B）とする。

　「十分満足できる」状況（A）については，生徒が実現している学習の状況が質的な高まりや深まりをもっていると判断されるときであり，多様な状況が考えられる。

　なお，資料1の「3　単元の学習を終えて」にある「この単元の自分自身の学習への取組」については，記入した生徒の，該当単元における取組とそれ以前の取組の違いを教師が捉えるために利用できると考えられる。例えば，○の位置を以前より左にずらして記入した生徒は，「取組はよかった」と自己評価していると考えられる。あくまでも評価者は教師であるが，「主体的に学習に取り組む態度」を評価する際の手がかりの一つとなろう。

5　「主体的に学習に取り組む態度」の評価を行う際の留意点

　「主体的に学習に取り組む態度」を育成し，評価を行う際の留意点として，第一に，生徒が見通しを立てる機会を設けること，第二に，学習を振り返る機会を設けること，第三に，教師や他の生徒による評価を伝えることが挙げられる。

「主体的に学習に取り組む態度」を育む上で，生徒が学習の見通しを立てたり学習したことを振り返ったりする活動を計画的に行うことは重要である。

　課題解決への見通しを立てる場面では，単元を貫く問いに対する疑問を挙げたり，その答えを予想したり，課題解決に必要な情報の収集先を考えたり，既習事項のうち役に立ちそうなことを挙げたりすることなどが考えられよう。見通しは，単元末などに学習を振り返る際に重要な情報にもなる。

　学習を振り返る機会を設けることは，自らの学びの過程を捉え，自らの学習を調整する機会を設けることに他ならない。単元末などに「自らの学習を調整しようとしながら粘り強く取り組む状況」が「努力を要する」状況（C）である場合，単元の途中で教師が見取った自らの学習を調整しようとしながら粘り強く取り組む状況，すなわち，「学習改善につなげる評価」を（再度）伝えたり，また，どのようなことをどのようにして書いたのか，他の生徒に尋ねるよう助言したりすることが考えられる。

　教師や他の生徒による評価を伝えることについては，生徒が自らの学びの過程を捉える上で力強いサポートになる。教師は，生徒とコミュニケーションを取りながら，追究過程において優れていたことや成長が見られた部分，改善すべき部分に気付かせていくことが効果的と考えられる。また，生徒同士が互いの学びの過程を評価し合うことも効果的であろう。このように，相互評価を生かすことも，「主体的に学習に取り組む態度」を評価していくポイントになると考えられる。

資料2　問いを設定する工夫　〜模擬的な活動を通して〜

　「主体的に学習に取り組む態度」を育む上で，日常生活など生徒にとって身近な事象の中から問いを設定するといった工夫も考えられるが，以下に紹介する「紙コッププロジェクト」のような模擬的な活動を，単元や次などの始めに位置付ける工夫も考えられる。

　こうした活動を取り入れる場合，活動を振り返り，分かったことと疑問に感じたことなどを整理し，その後の学習で生かすなど，単元の目標を踏まえ，ねらいを明確にして取り入れることが効果的である。

「紙コッププロジェクト」について

　「B　私たちと経済　(1)　市場の働きと経済」において，企業の生産活動を模擬的に体験する活動により，個人や企業の経済活動における役割と責任について多面的・多角的に考察し，表現する思考力，判断力，表現力を身に付けたり，現代の生産や金融などの仕組みや働きについて理解したりする学習に，関心と見通しをもって取り組ませようとするもの。

　数人のグループで，紙コップ製造会社を模擬的に設立し，企画，生産し，利益を生み出すまでの過程を体験する。具体的には，材料の購入，設備や工具の費用を話し合って決定し，実際に紙コップを制作する（作業時間は25分間程度）。完成し，検査に合格したコップの数に応じて得られる売上げ，制作にかかった費用として材料費，労務費，宣伝費，法人税などの経費を会計報告としてワークシートに記入する。

「紙コッププロジェクト」で使用するワークシート例

```
社名：                    組織編成

                          社長
              ┌──────┬──────┬──────┐
          設計担当  営業担当  組立担当  会計担当
```

■　材料費　材料費は紙コップを作るときに必要な画用紙を購入します。

No	設備・備品	価格（万）	購入数	購入額
1	画用紙　厚	10		万
2	画用紙　薄	5		万
			◎材料費合計	万

■　設備・工具貸出票　会計担当の人は、設計担当と相談の上、必要な設備・工具を決めて、「購入数」と「購入額」を記録します。

No	設備・備品	価格	購入数	購入額	No	設備・備品	価格	購入数	購入額
1	机	3		万	8	セロテープ	2		万
2	いす	2		万	9	ビニールテープ	4		万
3	はさみ	14		万	10	鉛筆	1		万
4	カッター	14		万	11	消しゴム	1		万
5	定規	2		万	12	紙コップ（見本用）	1	1	1万
6	コンパス	12		万	13	水漏れ検査	4		
7	のり	4		万	◎	総貸し出し合計額			万

■　会計報告書　紙コップの納入が済んだら、会社の損益を計算します。項目は①から順番に記入して、最後の⑩の純利益まで計算します。

内訳		計算式	金額（万円）
①売上高	納入個数×単価（150円）※今回はコップ1コ納めれば10,000個納入したと考えます。		
②材料費	画用紙の代金の合計を記入します。厚紙（1枚）＝10万　薄紙（1枚）＝5万		
③設備・工具費	コンパス・定規・カッターなど貸し出し合計額を記入します。		
④労務費	社員の給料のことです。今回はどの班も一律50万円とします。		50万
⑤原価	②＋③＋④の合計を記入します。		
⑥売上げ総額	①売上げ高－⑤原価の金額を記入します。		
⑦販売・宣伝費	会社の商品を宣伝したり、広告を出したり、営業活動に必要な費用です。20万。		20万
⑧営業利益	⑥売上げ総額－⑦販売・宣伝費の金額を記入します。		
⑨法人税	会社が国に納める税金のことです。負担割合は⑧営業利益の30％とします。⑧×30％の金額を記入します。		
⑩純利益	⑧営業利益－⑨法人税の金額を記入します。これが本当の会社の利益ということになります。		

第3編
事例6

巻末資料

中学校社会科における「内容のまとまりごとの評価規準（例）」

Ⅰ 地理的分野

1 地理的分野の目標と評価の観点及びその趣旨

社会的事象の地理的な見方・考え方を働かせ，課題を追究したり解決したりする活動を通して，広い視野に立ち，グローバル化する国際社会に主体的に生きる平和で民主的な国家及び社会の形成者に必要な公民としての資質・能力の基礎を次のとおり育成することを目指す。

	（1）	（2）	（3）
目標	我が国の国土及び世界の諸地域に関して，地域の諸事象や地域的特色を理解するとともに，調査や諸資料から地理に関する様々な情報を効果的に調べまとめる技能を身に付けるようにする。	地理に関わる事象の意味や意義，特色や相互の関連を，位置や分布，場所，人間と自然環境との相互依存関係，空間的相互依存作用，地域などに着目して，多面的・多角的に考察したり，地理的な課題の解決に向けて公正に選択・判断したりする力，思考・判断したことを説明したり，それらを基に議論したりする力を養う。	日本や世界の地域に関わる諸事象について，よりよい社会の実現を視野にそこで見られる課題を主体的に追究，解決しようとする態度を養うとともに，多面的・多角的な考察や深い理解を通して涵養される我が国の国土に対する愛情，世界の諸地域の多様な生活文化を尊重しようとすることの大切さについての自覚などを深める。

（中学校学習指導要領 P.41）

観点	知識・技能	思考・判断・表現	主体的に学習に取り組む態度
趣旨	我が国の国土及び世界の諸地域に関して，地域の諸事象や地域的特色を理解しているとともに，調査や諸資料から地理に関する様々な情報を効果的に調べまとめている。	地理に関わる事象の意味や意義，特色や相互の関連を，位置や分布，場所，人間と自然環境との相互依存関係，空間的相互依存作用，地域などに着目して，多面的・多角的に考察したり，地理的な課題の解決に向けて公正に選択・判断したり，思考・判断したことを説明したり，それらを基に議論したりしている。	日本や世界の地域に関わる諸事象について，国家及び社会の担い手として，よりよい社会の実現を視野にそこで見られる課題を主体的に追究，解決しようとしている。

（改善等通知　別紙4　P.4）

巻末
資料

2　内容のまとまりごとの評価規準

(1) A　(1)「地域構成」

知識・技能	思考・判断・表現	主体的に学習に取り組む態度
・緯度と経度，大陸と海洋の分布，主な国々の名称と位置などを基に，世界の地域構成を大観し理解している。 ・我が国の国土の位置，世界各地との時差，領域の範囲や変化とその特色などを基に，日本の地域構成を大観し理解している。	・世界の地域構成の特色を，大陸と海洋の分布や主な国の位置，緯度や経度などに着目して多面的・多角的に考察し，表現している。 ・日本の地域構成の特色を，周辺の海洋の広がりや国土を構成する島々の位置などに着目して多面的・多角的に考察し，表現している。	・世界と日本の地域構成について，よりよい社会の実現を視野にそこで見られる課題を主体的に追究しようとしている。

(2) B　(1)「世界各地の人々の生活と環境」

知識・技能	思考・判断・表現	主体的に学習に取り組む態度
・人々の生活は，その生活が営まれる場所の自然及び社会的条件から影響を受けたり，その場所の自然及び社会的条件に影響を与えたりすることを理解している。 ・世界各地における人々の生活やその変容を基に，世界の人々の生活や環境の多様性を理解している。その際，世界の主な宗教の分布についても理解している。	・世界各地における人々の生活の特色やその変容の理由を，その生活が営まれる場所の自然及び社会的条件などに着目して多面的・多角的に考察し，表現している。	・世界各地の人々の生活と環境について，よりよい社会の実現を視野にそこで見られる課題を主体的に追究しようとしている。

(3) B　(2)「世界の諸地域」

知識・技能	思考・判断・表現	主体的に学習に取り組む態度
・世界各地で顕在化している地球的課題は，それが見られる地域の地域的特色の影響を受けて，現れ方が異なることを理解している。 ・①から⑥までの世界の各州に暮らす人々の生活を基に，各州	・①から⑥までの世界の各州において，地域で見られる地球的課題の要因や影響を，州という地域の広がりや地域内の結び付きなどに着目して，それらの地域的特色と関連付けて多面的・多角的に考察し，表現して	・世界の諸地域について，よりよい社会の実現を視野にそこで見られる課題を主体的に追究しようとしている。

巻末
資料

知識・技能	思考・判断・表現	主体的に学習に取り組む態度
の地域的特色を大観し理解している。	いる。	

(4) C (1)「地域調査の手法」

知識・技能	思考・判断・表現	主体的に学習に取り組む態度
・観察や野外調査, 文献調査を行う際の視点や方法, 地理的なまとめ方の基礎を理解している。 ・地形図や主題図の読図, 目的や用途に適した地図の作成などの地理的技能を身に付けている。	・地域調査において, 対象となる場所の特徴などに着目して, 適切な主題や調査, まとめとなるように, 調査の手法やその結果を多面的・多角的に考察し, 表現している。	・地域調査の手法について, よりよい社会の実現を視野にそこで見られる課題を主体的に追究しようとしている。

(5) C (2)「日本の地域的特色と地域区分」

知識・技能	思考・判断・表現	主体的に学習に取り組む態度
・日本の地形や気候の特色, 海洋に囲まれた日本の国土の特色, 自然災害と防災への取組などを基に, 日本の自然環境に関する特色を理解している。 ・少子高齢化の課題, 国内の人口分布や過疎・過密問題などを基に, 日本の人口に関する特色を理解している。 ・日本の資源・エネルギー利用の現状, 国内の産業の動向, 環境やエネルギーに関する課題などを基に, 日本の資源・エネルギーと産業に関する特色を理解している。 ・国内や日本と世界との交通・通信網の整備状況, これを活用した陸上, 海上輸送などの物流や人の往来などを基に, 国内各地の結び付きや日本と世界との結び付きの特色を理解	・①から④までの項目について, それぞれの地域区分を, 地域の共通点や差異, 分布などに着目して, 多面的・多角的に考察し, 表現している。 ・日本の地域的特色を, ①から④までの項目に基づく地域区分などに着目して, それらを関連付けて多面的・多角的に考察し, 表現している。	・日本の地域的特色と地域区分について, よりよい社会の実現を視野にそこで見られる課題を主体的に追究しようとしている。

巻末
資料

している。		
・①から④までの項目に基づく地域区分を踏まえ，我が国の国土の特色を大観し理解している。		
・日本や国内地域に関する各種の主題図や資料を基に，地域区分をする技能を身に付けている。		

(6) C (3)「日本の諸地域」

知識・技能	思考・判断・表現	主体的に学習に取り組む態度
・幾つかに区分した日本のそれぞれの地域について，その地域的特色や地域の課題を理解している。 ・①から⑤までの考察の仕方で取り上げた特色ある事象と，それに関連する他の事象や，そこで生ずる課題を理解している。	・日本の諸地域において，それぞれ①から⑤までで扱う中核となる事象の成立条件を，地域の広がりや地域内の結び付き，人々の対応などに着目して，他の事象やそこで生ずる課題と有機的に関連付けて多面的・多角的に考察し，表現している。	・日本の諸地域について，よりよい社会の実現を視野にそこで見られる課題を主体的に追究しようとしている。

(7) C (4)「地域の在り方」

知識・技能	思考・判断・表現	主体的に学習に取り組む態度
・地域の実態や課題解決のための取組を理解している。 ・地域的な課題の解決に向けて考察，構想したことを適切に説明，議論しまとめる手法について理解している。	・地域の在り方を，地域の結び付きや地域の変容，持続可能性などに着目し，そこで見られる地理的な課題について多面的・多角的に考察，構想し，表現している。	・地域の在り方について，よりよい社会の実現を視野にそこで見られる課題を主体的に追究，解決しようとしている。

Ⅱ 歴史的分野

1 歴史的分野の目標と評価の観点及びその趣旨

　社会的事象の歴史的な見方・考え方を働かせ，課題を追究したり解決したりする活動を通して，広い視野に立ち，グローバル化する国際社会に主体的に生きる平和で民主的な国家及び社会の形成者に必要な公民としての資質・能力の基礎を次のとおり育成することを目指す。

	（1）	（2）	（3）
目標	我が国の歴史の大きな流れを，世界の歴史を背景に，各時代の特色を踏まえて理解するとともに，諸資料から歴史に関する様々な情報を効果的に調べまとめる技能を身に付けるようにする。	歴史に関わる事象の意味や意義，伝統と文化の特色などを，時期や年代，推移，比較，相互の関連や現在とのつながりなどに着目して多面的・多角的に考察したり，歴史に見られる課題を把握し複数の立場や意見を踏まえて公正に選択・判断したりする力，思考・判断したことを説明したり，それらを基に議論したりする力を養う。	歴史に関わる諸事象について，よりよい社会の実現を視野にそこで見られる課題を主体的に追究，解決しようとする態度を養うとともに，多面的・多角的な考察や深い理解を通して涵養される我が国の歴史に対する愛情，国民としての自覚，国家及び社会並びに文化の発展や人々の生活の向上に尽くした歴史上の人物と現在に伝わる文化遺産を尊重しようとすることの大切さについての自覚などを深め，国際協調の精神を養う。

（中学校学習指導要領 P.48）

観点	知識・技能	思考・判断・表現	主体的に学習に取り組む態度
趣旨	我が国の歴史の大きな流れを，世界の歴史を背景に，各時代の特色を踏まえて理解しているとともに，諸資料から歴史に関する様々な情報を効果的に調べまとめている。	歴史に関わる事象の意味や意義，伝統と文化の特色などを，時期や年代，推移，比較，相互の関連や現在とのつながりなどに着目して多面的・多角的に考察したり，歴史に見られる課題を把握し複数の立場や意見を踏まえて公正に選択・判断したり，思考・判断したことを説明したり，それらを基に議論したりしている。	歴史に関わる諸事象について，国家及び社会の担い手として，よりよい社会の実現を視野にそこで見られる課題を主体的に追究，解決しようとしている。

（改善等通知　別紙4　P.5）

巻末
資料

2　内容のまとまりごとの評価規準

(1) A (1)「私たちと歴史」

知識・技能	思考・判断・表現	主体的に学習に取り組む態度
・年代の表し方や時代区分の意味や意義についての基本的な内容を理解している。 ・資料から歴史に関わる情報を読み取ったり，年表などにまとめたりする技能を身に付けている。	・時期や年代，推移，現在の私たちとのつながりなどに着目して，小学校での学習を踏まえて歴史上の人物や文化財，出来事などから適切なものを取り上げ，時代区分との関わりなどについて考察し表現している。	・私たちと歴史について，よりよい社会の実現を視野にそこで見られる課題を主体的に追究しようとしている。

(2) A (2)「身近な地域の歴史」

知識・技能	思考・判断・表現	主体的に学習に取り組む態度
・具体的な事柄との関わりの中で，地域の歴史について調べたり，収集した情報を年表などにまとめたりするなどの技能を身に付けている。	・比較や関連，時代的な背景や地域的な環境，歴史と私たちとのつながりなどに着目して，地域に残る文化財や諸資料を活用して，身近な地域の歴史的な特徴を多面的・多角的に考察し，表現している。	・自らが生活する地域や受け継がれてきた伝統や文化への関心をもって，身近な地域の歴史について，よりよい社会の実現を視野にそこで見られる課題を主体的に追究しようとしている。

(3) B (1)「古代までの日本」

知識・技能	思考・判断・表現	主体的に学習に取り組む態度
・世界の古代文明や宗教のおこりを基に，世界の各地で文明が築かれたことを理解している。 ・日本列島における農耕の広まりと生活の変化や当時の人々の信仰，大和朝廷（大和政権）による統一の様子と東アジアとの関わりなどを基に，東アジアの文明の影響を受けながら我が国で国家が形成されていったことを理解している。 ・律令国家の確立に至るまでの過程，摂関政治などを基に，東アジアの文物や制度を積極的に取り入れながら国家の仕組みが整えられ，その後，天皇や貴族による政治が展開し	・古代文明や宗教が起こった場所や環境，農耕の広まりや生産技術の発展，東アジアとの接触や交流と政治や文化の変化などに着目して，事象を相互に関連付けるなどして，アの(ア)から(エ)までについて古代の社会の変化の様子を多面的・多角的に考察し，表現している。 ・古代までの日本を大観して，時代の特色を多面的・多角的に考察し，表現している。	・古代までの日本について，よりよい社会の実現を視野にそこに見られる課題を主体的に追究しようとしている。

巻末資料

たことを理解している。
・仏教の伝来とその影響，仮名文字の成立などを基に，国際的な要素をもった文化が栄え，それらを基礎としながら文化の国風化が進んだことを理解している。

(4) B (2)「中世の日本」

知識・技能	思考・判断・表現	主体的に学習に取り組む態度
・鎌倉幕府の成立，元寇（モンゴル帝国の襲来）などを基に，武士が台頭して主従の結び付きや武力を背景とした武家政権が成立し，その支配が広まったこと，元寇がユーラシアの変化の中で起こったことを理解している。 ・南北朝の争乱と室町幕府，日明貿易，琉球の国際的な役割などを基に，武家政治の展開とともに，東アジア世界との密接な関わりが見られたことを理解している。 ・農業など諸産業の発達，畿内を中心とした都市や農村における自治的な仕組みの成立，武士や民衆などの多様な文化の形成，応仁の乱後の社会的な変動などを基に，民衆の成長を背景とした社会や文化が生まれたことを理解している。	・武士の政治への進出と展開，東アジアにおける交流，農業や商工業の発達などに着目して，事象を相互に関連付けるなどして，アの(ｱ)から(ｳ)までについて中世の社会の変化の様子を多面的・多角的に考察し，表現している。 ・中世の日本を大観して，時代の特色を多面的・多角的に考察し，表現している。	・中世の日本について，よりよい社会の実現を視野にそこで見られる課題を主体的に追究しようとしている。

(5) B (3)「近世の日本」

知識・技能	思考・判断・表現	主体的に学習に取り組む態度
・ヨーロッパ人来航の背景とその影響，織田・豊臣による統一事業とその当時の対外関係，武将や豪商などの生活文化の展開などを基に，近世社会の基礎がつくられたことを理解している。	・交易の広がりとその影響，統一政権の諸政策の目的，産業の発達と文化の担い手の変化，社会の変化と幕府の政策の変化などに着目して，事象を相互に関連付けるなどして，アの(ｱ)から(ｴ)までについて近	・近世の日本について，よりよい社会の実現を視野にそこで見られる課題を主体的に追究しようとしている。

知識・技能	思考・判断・表現	主体的に学習に取り組む態度
・江戸幕府の成立と大名統制, 身分制と農村の様子, 鎖国などの幕府の対外政策と対外関係などを基に, 幕府と藩による支配が確立したことを理解している。 ・産業や交通の発達, 教育の普及と文化の広がりなどを基に, 町人文化が都市を中心に形成されたことや, 各地方の生活文化が生まれたことを理解している。 ・社会の変動や欧米諸国の接近, 幕府の政治改革, 新しい学問・思想の動きなどを基に, 幕府の政治が次第に行き詰まりをみせたことを理解している。	世の社会の変化の様子を多面的・多角的に考察し, 表現している。 ・近世の日本を大観して, 時代の特色を多面的・多角的に考察し, 表現している。	

(6) C （1）「近代の日本と世界」

知識・技能	思考・判断・表現	主体的に学習に取り組む態度
・欧米諸国における産業革命や市民革命, アジア諸国の動きなどを基に, 欧米諸国が近代社会を成立させてアジアへ進出したことを理解している。 ・開国とその影響, 富国強兵・殖産興業政策, 文明開化の風潮などを基に, 明治維新によって近代国家の基礎が整えられて, 人々の生活が大きく変化したことを理解している。 ・自由民権運動, 大日本帝国憲法の制定, 日清・日露戦争, 条約改正などを基に, 立憲制の国家が成立して議会政治が始まるとともに, 我が国の国際的な地位が向上したことを理解している。 ・我が国の産業革命, この時期の国民生活の変化, 学問・教育・科学・	・工業化の進展と政治や社会の変化, 明治政府の諸改革の目的, 議会政治や外交の展開, 近代化がもたらした文化への影響, 経済の変化の政治への影響, 戦争に向かう時期の社会や生活の変化, 世界の動きと我が国との関連などに着目して, 事象を相互に関連付けるなどして, アの(ア)から(カ)までについて近代の社会の変化の様子を多面的・多角的に考察し, 表現している。 ・近代の日本と世界を大観して, 時代の特色を多面的・多角的に考察し, 表現している。	・近代の日本と世界について, よりよい社会の実現を視野にそこで見られる課題を主体的に追究しようとしている。

知識・技能	思考・判断・表現	主体的に学習に取り組む態度
芸術の発展などを基に，我が国で近代産業が発展し，近代文化が形成されたことを理解している。 ・第一次世界大戦の背景とその影響，民族運動の高まりと国際協調の動き，我が国の国民の政治的自覚の高まりと文化の大衆化などを基に，第一次世界大戦前後の国際情勢及び我が国の動きと，大戦後に国際平和への努力がなされたことを理解している。 ・経済の世界的な混乱と社会問題の発生，昭和初期から第二次世界大戦の終結までの我が国の政治・外交の動き，中国などアジア諸国との関係，欧米諸国の動き，戦時下の国民の生活などを基に，軍部の台頭から戦争までの経過と，大戦が人類全体に惨禍を及ぼしたことを理解している。		

(7) C （2）「現代の日本と世界」

知識・技能	思考・判断・表現	主体的に学習に取り組む態度
・冷戦，我が国の民主化と再建の過程，国際社会への復帰などを基に，第二次世界大戦後の諸改革の特色や世界の動きの中で新しい日本の建設が進められたことを理解している。 ・高度経済成長，国際社会との関わり，冷戦の終結などを基に，我が国の経済や科学技術の発展によって国民の生活が向上し，国際社会において我が国の役割が大きくなってきたことを理解している	・諸改革の展開と国際社会の変化，政治の展開と国民生活の変化などに着目して，事象を相互に関連付けるなどして，アの(ア)及び(イ)について現代の社会の変化の様子を多面的・多角的に考察し，表現している。 ・現代の日本と世界を大観して，時代の特色を多面的・多角的に考察し，表現している。 ・これまでの学習を踏まえ，歴史と私たちとのつながり，現在と未来の日本や世界の在り方について，課題意識をもって多面的・多角的に考察，構想し，表現している。	・現代の日本と世界について，よりよい社会の実現を視野にそこで見られる課題を主体的に追究，解決しようとしている。

巻末資料

Ⅲ　公民的分野

1　公民的分野の目標と評価の観点及びその趣旨

　現代社会の見方・考え方を働かせ，課題を追究したり解決したりする活動を通して，広い視野に立ち，グローバル化する国際社会に主体的に生きる平和で民主的な国家及び社会の形成者に必要な公民としての資質・能力の基礎を次のとおり育成することを目指す。

	（1）	（2）	（3）
目標	個人の尊厳と人権の尊重の意義，特に自由・権利と責任・義務との関係を広い視野から正しく認識し，民主主義，民主政治の意義，国民の生活の向上と経済活動との関わり，現代の社会生活及び国際関係などについて，個人と社会との関わりを中心に理解を深めるとともに，諸資料から現代の社会的事象に関する情報を効果的に調べまとめる技能を身に付けるようにする。	社会的事象の意味や意義，特色や相互の関連を現代の社会生活と関連付けて多面的・多角的に考察したり，現代社会に見られる課題について公正に判断したりする力，思考・判断したことを説明したり，それらを基に議論したりする力を養う。	現代の社会的事象について，現代社会に見られる課題の解決を視野に主体的に社会に関わろうとする態度を養うとともに，多面的・多角的な考察や深い理解を通して涵養される，国民主権を担う公民として，自国を愛し，その平和と繁栄を図ることや，各国が相互に主権を尊重し，各国民が協力し合うことの大切さについての自覚などを深める。

（中学校学習指導要領 P.57）

観点	知識・技能	思考・判断・表現	主体的に学習に取り組む態度
趣旨	個人の尊厳と人権の尊重の意義，特に自由・権利と責任・義務との関係を広い視野から正しく認識し，民主主義，民主政治の意義，国民の生活の向上と経済活動との関わり，現代の社会生活及び国際関係などについて，個人と社会との関わりを中心に理解を深めているとともに，諸資料から現代の社会的事象に関する情報を効果的に調べまとめている。	社会的事象の意味や意義，特色や相互の関連を現代の社会生活と関連付けて多面的・多角的に考察したり，現代社会に見られる課題について公正に判断したり，思考・判断したことを説明したり，それらを基に議論したりしている。	現代の社会的事象について，国家及び社会の担い手として，現代社会に見られる課題の解決を視野に主体的に社会に関わろうとしている。

（改善等通知　別紙4　P.5）

2　内容のまとまりごとの評価規準

(1) A（1）「私たちが生きる現代社会と文化の特色」

知識・技能	思考・判断・表現	主体的に学習に取り組む態度
・現代日本の特色として少子高齢化，情報化，グローバル化などが見られることについて理解している。 ・現代社会における文化の意義や影響について理解している。	・位置や空間的な広がり，推移や変化などに着目して，少子高齢化，情報化，グローバル化などが現在と将来の政治，経済，国際関係に与える影響について多面的・多角的に考察し，表現している。 ・位置や空間的な広がり，推移や変化などに着目して，文化の継承と創造の意義について多面的・多角的に考察し，表現している。	・私たちが生きる現代社会と文化の特色について，現代社会に見られる課題の解決を視野に主体的に社会に関わろうとしている。

(2) A（2）「現代社会を捉える枠組み」

知識・技能	思考・判断・表現	主体的に学習に取り組む態度
・現代社会の見方・考え方の基礎となる枠組みとして，対立と合意，効率と公正などについて理解している。 ・人間は本来社会的存在であることを基に，個人の尊厳と両性の本質的平等，契約の重要性やそれを守ることの意義及び個人の責任について理解している。	・対立と合意，効率と公正などに着目して，社会生活における物事の決定の仕方，契約を通した個人と社会との関係，きまりの役割について多面的・多角的に考察し，表現している。	・現代社会を捉える枠組みについて，現代社会に見られる課題の解決を視野に主体的に社会に関わろうとしている。

(3) B（1）「市場の働きと経済」

知識・技能	思考・判断・表現	主体的に学習に取り組む態度
・身近な消費生活を中心に経済活動の意義について理解している。 ・市場経済の基本的な考え方について理解している。その際，市場における価格の決まり方や資源の配分について理解し	・対立と合意，効率と公正，分業と交換，希少性などに着目して，個人や企業の経済活動における役割と責任について多面的・多角的に考察し，表現している。 ・対立と合意，効率と公正，分業	・市場の働きと経済について，現代社会に見られる課題の解決を視野に主体的社会に関わろうとしている。

知識・技能	思考・判断・表現	主体的に学習に取り組む態度
ている。 ・現代の生産や金融などの仕組みや働きを理解している。 ・勤労の権利と義務, 労働組合の意義及び労働基準法の精神について理解している。	と交換, 希少性などに着目して, 社会生活における職業の意義と役割及び雇用と労働条件の改善について多面的・多角的に考察し, 表現している。	

(4) B (2)「国民生活と政府の役割」

知識・技能	思考・判断・表現	主体的に学習に取り組む態度
・社会資本の整備, 公害の防止など環境の保全, 少子高齢社会における社会保障の充実・安定化, 消費者の保護について, それらの意義を理解している。 ・財政及び租税の意義, 国民の納税の義務について理解している。	・対立と合意, 効率と公正, 分業と交換, 希少性などに着目して, 市場の働きに委ねることが難しい諸問題に関して, 国や地方公共団体が果たす役割について多面的・多角的に考察, 構想し, 表現している。 ・対立と合意, 効率と公正, 分業と交換, 希少性などに着目して, 財政及び租税の役割について多面的・多角的に考察し, 表現している。	・国民の生活と政府の役割について, 現代社会に見られる課題の解決を視野に主体的に社会に関わろうとしている。

(5) C (1)「人間の尊重と日本国憲法の基本的原則」

知識・技能	思考・判断・表現	主体的に学習に取り組む態度
・人間の尊重についての考え方を, 基本的人権を中心に深め, 法の意義を理解している。 ・民主的な社会生活を営むためには, 法に基づく政治が大切であることを理解している。 ・日本国憲法が基本的人権の尊重, 国民主権及び平和主義を基本的原則としていることについて理解している。 ・日本国及び日本国民統合の象徴としての天皇の地位と天皇の国事に関する行為について理解している。	・対立と合意, 効率と公正, 個人の尊重と法の支配, 民主主義などに着目して, 我が国の政治が日本国憲法に基づいて行われていることの意義について多面的・多角的に考察し, 表現している。	・人間の尊重についての考え方や日本国憲法の基本的原則などについて, 現代社会に見られる課題の解決を視野に主体的に社会に関わろうとしている。

巻末
資料

(6) C (2)「民主政治と政治参加」

知識・技能	思考・判断・表現	主体的に学習に取り組む態度
・国会を中心とする我が国の民主政治の仕組みのあらましや政党の役割を理解している。 ・議会制民主主義の意義，多数決の原理とその運用の在り方について理解している。 ・国民の権利を守り，社会の秩序を維持するために，法に基づく公正な裁判の保障があることについて理解している。 ・地方自治の基本的な考え方について理解している。その際，地方公共団体の政治の仕組み，住民の権利や義務について理解している。	・対立と合意，効率と公正，個人の尊重と法の支配，民主主義などに着目して，民主政治の推進と，公正な世論の形成や選挙など国民の政治参加との関連について多面的・多角的に考察，構想し，表現している。	・民主政治と政治参加について，現代社会に見られる課題の解決を視野に主体的に社会に関わろうとしている。

(7) D (1)「世界平和と人類の福祉の増大」

知識・技能	思考・判断・表現	主体的に学習に取り組む態度
・世界平和の実現と人類の福祉の増大のためには，国際協調の観点から，国家間の相互の主権の尊重と協力，各国民の相互理解と協力及び国際連合をはじめとする国際機構などの役割が大切であることを理解している。その際，領土（領海，領空を含む。），国家主権，国際連合の働きなど基本的な事項について理解している。 ・地球環境，資源・エネルギー，貧困などの課題の解決のために経済的，技術的な協力などが大切であることを理解している。	・対立と合意，効率と公正，協調，持続可能性などに着目して，日本国憲法の平和主義を基に，我が国の安全と防衛，国際貢献を含む国際社会における我が国の役割について多面的・多角的に考察，構想し，表現している。	・世界平和と人類の福祉の増大について，現代社会に見られる課題の解決を視野に主体的に社会に関わろうとしている。

巻末
資料

(8) D （2）「よりよい社会を目指して」

知識・技能	思考・判断・表現	主体的に学習に取り組む態度
	・社会的な見方・考え方を働かせ，私たちがよりよい社会を築いていくために解決すべき課題を多面的・多角的に考察，構想し，自分の考えを説明，論述している。	・私たちがよりよい社会を築いていくために解決すべき課題について，現代社会に見られる課題の解決を視野に主体的に社会に関わろうとしている。

評価規準，評価方法等の工夫改善に関する調査研究について

平成 31 年 2 月 4 日　国立教育政策研究所長裁定
平成 31 年 4 月 12 日　一　　部　　改　　正

1　趣　旨

　　学習評価については，中央教育審議会初等中等教育分科会教育課程部会において「児童生徒の学習評価の在り方について」（平成 31 年 1 月 21 日）の報告がまとめられ，新しい学習指導要領に対応した，各教科等の評価の観点及び評価の観点に関する考え方が示されたところである。

　　これを踏まえ，各小学校，中学校及び高等学校における児童生徒の学習の効果的，効率的な評価に資するため，教科等ごとに，評価規準，評価方法等の工夫改善に関する調査研究を行う。

2　調査研究事項

（1）評価規準及び当該規準を用いた評価方法に関する参考資料の作成

（2）学校における学習評価に関する取組についての情報収集

（3）上記（1）及び（2）に関連する事項

3　実施方法

　　調査研究に当たっては，教科等ごとに教育委員会関係者，教師及び学識経験者等を協力者として委嘱し，2 の事項について調査研究を行う。

4　庶　務

　　この調査研究にかかる庶務は，教育課程研究センターにおいて処理する。

巻末
資料

5　実施期間

　　平成 31 年 4 月 19 日〜令和 2 年 3 月 31 日

評価規準，評価方法等の工夫改善に関する調査研究協力者（五十音順）

(職名は平成 31 年 4 月現在)

五十嵐辰博	千葉大学教育学部附属中学校教諭
石本　貞衡	東京都練馬区立大泉中学校主任教諭
磯山　恭子	静岡大学教授
井上　昌善	愛媛大学講師
岩渕　公輔	東京都府中市立府中第四中学校主任教諭
上園　悦史	東京学芸大学附属竹早中学校教諭
梅津　正美	鳴門教育大学大学院教授
川﨑　浩一	岡山県玉野市立宇野中学校主幹教諭
鈴木　正博	川崎市教育委員会指導主事
東野　茂樹	東京都葛飾区立水元中学校主幹教諭
樋口　雅夫	玉川大学教授
藤田　　淳	東京都港区立高松中学校主幹教諭
松村　謙一	三重大学教育学部附属中学校教諭
吉水　裕也	兵庫教育大学教授
渡邊　智紀	お茶の水女子大学附属中学校教諭

国立教育政策研究所においては，次の関係官が担当した。

濵野　　清	国立教育政策研究所教育課程研究センター研究開発部教育課程調査官
藤野　　敦	国立教育政策研究所教育課程研究センター研究開発部教育課程調査官
大森　淳子	国立教育政策研究所教育課程研究センター研究開発部教育課程調査官
小栗　英樹	国立教育政策研究所教育課程研究センター研究開発部教育課程調査官
二井　正浩	国立教育政策研究所教育課程研究センター基礎研究部総括研究官

この他，本書編集の全般にわたり，国立教育政策研究所において以下の者が担当した。

笹井　弘之	国立教育政策研究所教育課程研究センター長
清水　正樹	国立教育政策研究所教育課程研究センター研究開発部副部長
髙井　　修	国立教育政策研究所教育課程研究センター研究開発部研究開発課長
高橋　友之	国立教育政策研究所教育課程研究センター研究開発部研究開発課指導係長
奥田　正幸	国立教育政策研究所教育課程研究センター研究開発部研究開発課指導係専門職
森　　孝博	国立教育政策研究所教育課程研究センター研究開発部教育課程調査官

学習指導要領等関係資料について

　学習指導要領等の関係資料は以下のとおりです。いずれも，文部科学省や国立教育政策研究所のウェブサイトから閲覧が可能です。スマートフォンなどで閲覧する際は，以下の二次元コードを読み取って，資料に直接アクセスする事が可能です。本書と合わせて是非ご覧ください。

---

① 学習指導要領、学習指導要領解説　等

② 中央教育審議会答申「幼稚園、小学校、中学校、高等学校及び特別支援学校の学習指導要領等の改善及び必要な方策等について」(平成 28 年 12 月 21 日)

③ 中央教育審議会初等中等教育分科会教育課程部会報告「児童生徒の学習評価の在り方について」(平成 31 年 1 月 21 日)

④ 小学校，中学校，高等学校及び特別支援学校等における児童生徒の学習評価及び指導要録の改善等について(平成 31 年 3 月 29 日 30 文科初第 1845 号初等中等教育局長通知)

　　　　　　　　　　※各教科等の評価の観点等及びその趣旨や指導要録(参考様式)は，同通知に掲載。

⑤ 学習評価の在り方ハンドブック(小・中学校編)(令和元年 6 月)

⑥ 学習評価の在り方ハンドブック(高等学校編)(令和元年 6 月)

⑦ 平成 29 年改訂の小・中学校学習指導要領に関する Q&A

⑧ 平成 30 年改訂の高等学校学習指導要領に関する Q&A

⑨ 平成 29・30 年改訂の学習指導要領下における学習評価に関する Q&A

①　②　③

④　⑤　⑥

⑦　⑧　⑨

巻末資料

学習評価の
在り方
ハンドブック

小・中学校編

文部科学省　国立教育政策研究所教育課程研究センター

学習指導要領

学習指導要領とは，国が定めた「教育課程の基準」です。
（学校教育法施行規則第52条, 74条,84条及び129条等より）

■学習指導要領の構成
〈小学校の例〉

前文
第1章　総則
第2章　各教科
　　　第1節　国語
　　　第2節　社会
　　　第3節　算数
　　　第4節　理科
　　　第5節　生活
　　　第6節　音楽
　　　第7節　図画工作
　　　第8節　家庭
　　　第9節　体育
　　　第10節　外国語
第3章　特別の教科 道徳
第4章　外国語活動
第5章　総合的な学習の時間
第6章　特別活動

総則は, 以下の項目で整理され,
全ての教科等に共通する事項が記載されています。
- 第1　小学校教育の基本と教育課程の役割
- 第2　教育課程の編成
- 第3　教育課程の実施と学習評価
- 第4　児童の発達の支援
- 第5　学校運営上の留意事項
- 第6　道徳教育に関する配慮事項

学習評価の実施に当たっての配慮事項

各教科等の目標, 内容等が記載されています。
（例）第1節　国語
- 第1　目標
- 第2　各学年の目標及び内容
- 第3　指導計画の作成と内容の取扱い

平成29年改訂学習指導要領の各教科等の目標や内容は,
教育課程全体を通して育成を目指す資質・能力の三つの柱に
基づいて再整理されています。

ア 何を理解しているか, 何ができるか
　（生きて働く「知識・技能」の習得）
イ 理解していること・できることをどう使うか（未知の状況にも
　対応できる「思考力・判断力・表現力等」の育成）
ウ どのように社会・世界と関わり, よりよい人生を送るか
　（学びを人生や社会に生かそうとする「学びに向かう力・
　人間性等」の涵養）

平成29年改訂「小学校学習指導要領」より
※中学校もおおむね同様の構成です。

詳しくは, 文部科学省Webページ「学習指導要領のくわしい内容」をご覧ください。
(http://www.mext.go.jp/a_menu/shotou/new-cs/1383986.htm)

学習指導要領解説

学習指導要領解説とは,大綱的な基準である学習指導要領の記述の意味や解釈などの詳細について説明するために,文部科学省が作成したものです。

■学習指導要領解説の構成
〈小学校 国語編の例〉

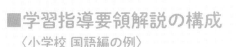

●第1章 総説
1 改訂の経緯及び基本方針
2 国語科の改訂の趣旨及び要点

> 総説
> 改訂の経緯及び
> 基本方針

●第2章 国語科の目標及び内容
第1節 国語科の目標
1 教科の目標
2 学年の目標
第2節 国語科の内容
1 内容の構成
2 〔知識及び技能〕の内容
3 〔思考力,判断力,表現力等〕の内容

●第3章 各学年の内容
第1節 第1学年及び第2学年の内容
1 〔知識及び技能〕
2 〔思考力,判断力,表現力等〕
第2節 第3学年及び第4学年の内容
1 〔知識及び技能〕
2 〔思考力,判断力,表現力等〕
第3節 第5学年及び第6学年の内容
1 〔知識及び技能〕
2 〔思考力,判断力,表現力等〕

●第4章 指導計画の作成と内容の取扱い
1 指導計画作成上の配慮事項
2 内容の取扱いについての配慮事項
3 教材についての配慮事項

> 指導計画作成や
> 内容の取扱いに係る配慮事項

●付録
付録1:学校教育施行規則(抄)
付録2:小学校学習指導要領 第1章 総則
付録3:小学校学習指導要領 第2章 第1節 国語
付録4:教科の目標,各学年の目標及び内容の系統表
　　　　(小・中学校国語科)
付録5:中学校学習指導要領 第2章 第1節 国語
付録6:小学校学習指導要領 第2章 第10節 外国語
付録7:小学校学習指導要領 第4章 外国語活動
付録8:小学校学習指導要領 第3章 特別の教科 道徳
付録9:「道徳の内容」の学年段階・学校段階の一覧表
付録10:幼稚園教育要領

> 教科等の目標
> 及び内容の概要

> 参考
> (系統性等)

> 学年や
> 分野ごとの内容

「小学校学習指導要領解説 国語編」より
※中学校もおおむね同様の構成です。「総則編」,「総合的な学習の時間編」及び「特別活動編」は異なった構成となっています。

教師は,学習指導要領で定めた資質・能力が,児童生徒に確実に育成されているかを評価します

学習評価の基本的な考え方

　学習評価は,学校における教育活動に関し,児童生徒の学習状況を評価するものです。「児童生徒にどういった力が身に付いたか」という学習の成果を的確に捉え,**教師が指導の改善を図る**とともに,**児童生徒自身が自らの学習を振り返って次の学習に向かうことができるようにする**ためにも,学習評価の在り方は重要であり,教育課程や学習・指導方法の改善と一貫性のある取組を進めることが求められます。

カリキュラム・マネジメントの一環としての指導と評価

　各学校は,日々の授業の下で児童生徒の学習状況を評価し,その結果を児童生徒の学習や教師による指導の改善や学校全体としての教育課程の改善,校務分掌を含めた組織運営等の改善に生かす中で,学校全体として組織的かつ計画的に教育活動の質の向上を図っています。

　このように,「学習指導」と「学習評価」は学校の教育活動の根幹であり,教育課程に基づいて組織的かつ計画的に教育活動の質の向上を図る「カリキュラム・マネジメント」の中核的な役割を担っています。

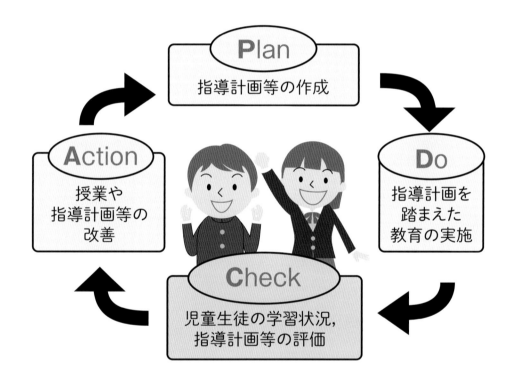

主体的・対話的で深い学びの視点からの授業改善と評価

　指導と評価の一体化を図るためには,児童生徒一人一人の学習の成立を促すための評価という視点を一層重視することによって,教師が自らの指導のねらいに応じて授業の中での児童生徒の学びを振り返り,学習や指導の改善に生かしていくというサイクルが大切です。平成29年改訂学習指導要領で重視している「主体的・対話的で深い学び」の視点からの授業改善を通して,各教科等における資質・能力を確実に育成する上で,学習評価は重要な役割を担っています。

次の授業では
〇〇を重点的に
指導しよう。

☑ 教師の指導改善に
つながるものにしていくこと

☑ 児童生徒の学習改善に
つながるものにしていくこと

☑ これまで慣行として行われてきたことでも,
必要性・妥当性が認められないものは
見直していくこと

〇〇のところは
もっと〜した方が
よいですね。

詳しくは,平成31年3月29日文部科学省初等中等教育局長通知「小学校,中学校,高等学校及び特別支援学校等における児童生徒の学習評価及び指導要録の改善等について(通知)」をご覧ください。
(http://www.mext.go.jp/b_menu/hakusho/nc/1415169.htm)

コラム

評価に戸惑う児童生徒の声

「先生によって観点の重みが違うんです。授業態度をとても重視する先生もいるし,テストだけで判断するという先生もいます。そうすると,どう努力していけばよいのか本当に分かりにくいんです。」(中央教育審議会初等中等教育分科会教育課程部会 児童生徒の学習評価に関するワーキンググループ第7回における高等学校3年生の意見より)

あくまでこれは一部の意見ですが,学習評価に対する児童生徒のこうした意見には,適切な評価を求める切実な思いが込められています。そのような児童生徒の声に応えるためにも,教師は,児童生徒への学習状況のフィードバックや,授業改善に生かすという評価の機能を一層充実させる必要があります。教師と児童生徒が共に納得する学習評価を行うためには,評価規準を適切に設定し,評価の規準や方法について,教師と児童生徒及び保護者で共通理解を図るガイダンス的な機能と,児童生徒の自己評価と教師の評価を結び付けていくカウンセリング的な機能を充実させていくことが重要です。

Column

学習評価の基本構造

　平成29年改訂で, 学習指導要領の目標及び内容が資質・能力の三つの柱で再整理されたことを踏まえ, 各教科における観点別学習状況の評価の観点については, 「知識・技能」, 「思考・判断・表現」, 「主体的に学習に取り組む態度」の3観点に整理されています。

「学びに向かう力, 人間性等」には
①「主体的に学習に取り組む態度」として観点別評価（学習状況を分析的に捉える）を通じて見取ることができる部分と,
②観点別評価や評定にはなじまず, こうした評価では示しきれないことから個人内評価を通じて見取る部分があります。

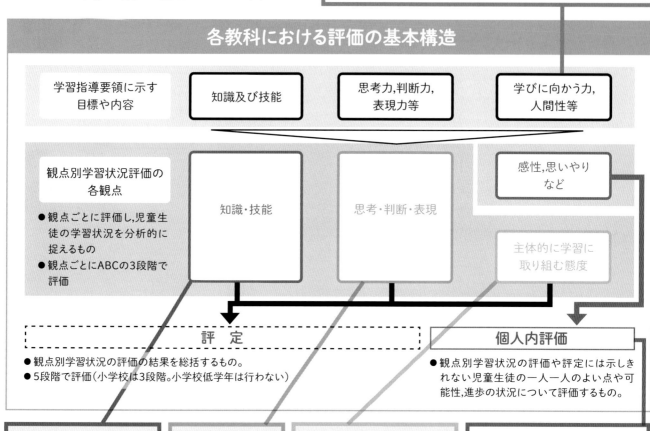

各教科における評価の基本構造

学習指導要領に示す目標や内容	知識及び技能	思考力, 判断力, 表現力等	学びに向かう力, 人間性等

観点別学習状況評価の各観点
- 観点ごとに評価し, 児童生徒の学習状況を分析的に捉えるもの
- 観点ごとにABCの3段階で評価

知識・技能　　　思考・判断・表現　　　感性, 思いやりなど

主体的に学習に取り組む態度

評定
- 観点別学習状況の評価の結果を総括するもの。
- 5段階で評価（小学校は3段階。小学校低学年は行わない）

個人内評価
- 観点別学習状況の評価や評定には示しきれない児童生徒の一人一人のよい点や可能性, 進歩の状況について評価するもの。

　各教科等における学習の過程を通した知識及び技能の習得状況について評価を行うとともに, それらを既有の知識及び技能と関連付けたり活用したりする中で, 他の学習や生活の場面でも活用できる程度に概念等を理解したり, 技能を習得したりしているかを評価します。

　各教科等の知識及び技能を活用して課題を解決する等のために必要な思考力, 判断力, 表現力等を身に付けているかどうかを評価します。

　知識及び技能を獲得したり, 思考力, 判断力, 表現力等を身に付けたりするために, 自らの学習状況を把握し, 学習の進め方について試行錯誤するなど自らの学習を調整しながら, 学ぼうとしているかどうかという意思的な側面を評価します。

　個人内評価の対象となるものについては, 児童生徒が学習したことの意義や価値を実感できるよう, 日々の教育活動等の中で児童生徒に伝えることが重要です。特に, 「学びに向かう力, 人間性等」のうち「感性や思いやり」など児童生徒一人一人のよい点や可能性, 進歩の状況などを積極的に評価し児童生徒に伝えることが重要です。

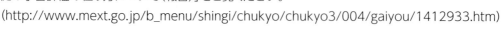

　詳しくは, 平成31年1月21日文部科学省中央教育審議会初等中等教育分科会教育課程部会「児童生徒の学習評価の在り方について（報告）」をご覧ください。
(http://www.mext.go.jp/b_menu/shingi/chukyo/chukyo3/004/gaiyou/1412933.htm)

特別の教科 道徳，外国語活動，総合的な学習の時間及び特別活動の評価について

特別の教科 道徳，外国語活動（小学校のみ），総合的な学習の時間，特別活動についても，学習指導要領で示したそれぞれの目標や特質に応じ，適切に評価します。なお，道徳科の評価は，入学者選抜の合否判定に活用することのないようにする必要があります。

特別の教科 道徳（道徳科）

児童生徒の人格そのものに働きかけ，道徳性を養うことを目標とする道徳科の評価としては，観点別評価は妥当ではありません。授業において児童生徒に考えさせることを明確にして，「道徳的諸価値についての理解を基に，自己を見つめ，物事を（広い視野から）多面的・多角的に考え，自己の（人間としての）生き方についての考えを深める」という学習活動における児童生徒の具体的な取組状況を，一定のまとまりの中で，児童生徒が学習の見通しを立てたり学習したことを振り返ったりする活動を適切に設定しつつ，学習活動全体を通して見取ります。

外国語活動（小学校のみ）

評価の観点については，学習指導要領に示す「第1目標」を踏まえ，右の表を参考に設定することとしています。この3つの観点に則して児童の学習状況を見取ります。

知識・技能	思考・判断・表現	主体的に学習に取り組む態度
●外国語を通して，言語や文化について体験的に理解を深めている。 ●日本語と外国語の音声の違い等に気付いている。 ●外国語の音声や基本的な表現に慣れ親しんでいる。	身近で簡単な事柄について，外国語で聞いたり話したりして自分の考えや気持ちなどを伝え合っている。	外国語を通して，言語やその背景にある文化に対する理解を深め，相手に配慮しながら，主体的に外国語を用いてコミュニケーションを図ろうとしている。

総合的な学習の時間

評価の観点については，学習指導要領に示す「第1目標」を踏まえ，各学校において具体的に定めた目標，内容に基づいて，右の表を参考に定めることとしています。この3つの観点に則して児童生徒の学習状況を見取ります。

知識・技能	思考・判断・表現	主体的に学習に取り組む態度
探究的な学習の過程において，課題の解決に必要な知識や技能を身に付け，課題に関わる概念を形成し，探究的な学習のよさを理解している。	実社会や実生活の中から問いを見いだし，自分で課題を立て，情報を集め，整理・分析して，まとめ・表現している。	探究的な学習に主体的・協働的に取り組もうとしているとともに，互いのよさを生かしながら，積極的に社会に参画しようとしている。

特別活動

特別活動の特質と学校の創意工夫を生かすということから，設置者ではなく，各学校が評価の観点を定めることとしています。その際，学習指導要領に示す特別活動の目標や学校として重点化した内容を踏まえ，例えば以下のように，具体的に観点を示すことが考えられます。

特別活動の記録								
内容	観点	学年	1	2	3	4	5	6
学級活動	よりよい生活を築くための知識・技能		○		○	○	○	
児童会活動	集団や社会の形成者としての思考・判断・表現			○	○		○	
クラブ活動	主体的に生活や人間関係をよりよくしようとする態度					○		
学校行事				○		○	○	

各学校で定めた観点を記入した上で，内容ごとに，十分満足できる状況にあると判断される場合に，○印を記入します。

○印をつけた具体的な活動の状況等については，「総合所見及び指導上参考となる諸事項」の欄に簡潔に記述することで，評価の根拠を記録に残すことができます。

小学校児童指導要録（参考様式）様式2の記入例（5年生の例）

なお，特別活動は学級担任以外の教師が指導する活動が多いことから，評価体制を確立し，共通理解を図って，児童生徒のよさや可能性を多面的・総合的に評価するとともに，確実に資質・能力が育成されるよう指導の改善に生かすことが求められます。

観点別学習状況の評価について

　観点別学習状況の評価とは，学習指導要領に示す目標に照らして，その実現状況がどのようなものであるかを，観点ごとに評価し，児童生徒の学習状況を分析的に捉えるものです。

▌「知識・技能」の評価の方法

　「知識・技能」の評価の考え方は，従前の評価の観点である「知識・理解」，「技能」においても重視してきたところです。具体的な評価方法としては，例えばペーパーテストにおいて，事実的な知識の習得を問う問題と，知識の概念的な理解を問う問題とのバランスに配慮するなどの工夫改善を図る等が考えられます。また，児童生徒が文章による説明をしたり，各教科等の内容の特質に応じて，観察・実験をしたり，式やグラフで表現したりするなど実際に知識や技能を用いる場面を設けるなど，多様な方法を適切に取り入れていくこと等も考えられます。

▌「思考・判断・表現」の評価の方法

　「思考・判断・表現」の評価の考え方は，従前の評価の観点である「思考・判断・表現」においても重視してきたところです。具体的な評価方法としては，ペーパーテストのみならず，論述やレポートの作成，発表，グループや学級における話合い，作品の制作や表現等の多様な活動を取り入れたり，それらを集めたポートフォリオを活用したりするなど評価方法を工夫することが考えられます。

▌「主体的に学習に取り組む態度」の評価の方法

　具体的な評価方法としては，ノートやレポート等における記述，授業中の発言，教師による行動観察や，児童生徒による自己評価や相互評価等の状況を教師が評価を行う際に考慮する材料の一つとして用いることなどが考えられます。その際，各教科等の特質に応じて，児童生徒の発達の段階や一人一人の個性を十分に考慮しながら，「知識・技能」や「思考・判断・表現」の観点の状況を踏まえた上で，評価を行う必要があります。

「主体的に学習に取り組む態度」の評価のイメージ

○「主体的に学習に取り組む態度」の評価について
は、①知識及び技能を獲得したり、思考力、
判断力、表現力等を身に付けたりすることに向け
た粘り強い取組を行おうとする側面と、②①の
粘り強い取組を行う中で、自らの学習を調整しよ
うとする側面、という二つの側面から評価するこ
とが求められる。

○これら①②の姿は実際の教科等の学びの中で
は別々ではなく相互に関わり合いながら立ち現
れるものと考えられる。例えば、自らの学習を全く
調整しようとせず粘り強く取り組み続ける姿や、
粘り強さが全くない中で自らの学習を調整する
姿は一般的ではない。

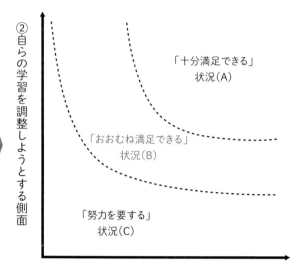

　ここでの評価は、その学習の調整が「適切に行われるか」を必ずしも判断するものではなく、学習の調整が知識及び技能の習得などに結びついていない場合には、教師が学習の進め方を適切に指導することが求められます。

「自らの学習を調整しようとする側面」とは…

　自らの学習状況を把握し、学習の進め方について試行錯誤するなどの意思的な側面のことです。評価に当たっては、児童生徒が自らの理解の状況を振り返ることができるような発問の工夫をしたり、自らの考えを記述したり話し合ったりする場面、他者との協働を通じて自らの考えを相対化する場面を、単元や題材などの内容のまとまりの中で設けたりするなど、「主体的・対話的で深い学び」の視点からの授業改善を図る中で、適切に評価できるようにしていくことが重要です。

コラム

「主体的に学習に取り組む態度」は、「関心・意欲・態度」と同じ趣旨ですが…

～こんなことで評価をしていませんでしたか？～

　平成31年1月21日文部科学省中央教育審議会初等中等教育分科会教育課程部会「児童生徒の学習評価の在り方について（報告）」では、学習評価について指摘されている課題として、「関心・意欲・態度」の観点について「学校や教師の状況によっては、挙手の回数や毎時間ノートを取っているかなど、性格や行動面の傾向が一時的に表出された場面を捉える評価であるような誤解が払拭し切れていない」ということが指摘されました。これを受け、従来から重視されてきた各教科等の学習内容に関心をもつことのみならず、よりよく学ぼうとする意欲をもって学習に取り組む態度を評価するという趣旨が改めて強調されました。

Column

学習評価の充実

学習評価の妥当性, 信頼性を高める工夫の例

- 評価規準や評価方法について,事前に教師同士で検討するなどして明確にすること,評価に関する実践事例を蓄積し共有していくこと,評価結果についての検討を通じて評価に係る教師の力量の向上を図ることなど,学校として組織的かつ計画的に取り組む。
- 学校が児童生徒や保護者に対し,評価に関する仕組みについて事前に説明したり,評価結果について丁寧に説明したりするなど,評価に関する情報をより積極的に提供し児童生徒や保護者の理解を図る。

評価時期の工夫の例

- 日々の授業の中では児童生徒の学習状況を把握して指導に生かすことに重点を置きつつ,各教科における「知識・技能」及び「思考・判断・表現」の評価の記録については,原則として単元や題材などのまとまりごとに,それぞれの実現状況が把握できる段階で評価を行う。
- 学習指導要領に定められた各教科等の目標や内容の特質に照らして,複数の単元や題材などにわたって長期的な視点で評価することを可能とする。

学年や学校間の円滑な接続を図る工夫の例

- 「キャリア・パスポート」を活用し,児童生徒の学びをつなげることができるようにする。
- 小学校段階においては,幼児期の教育との接続を意識した「スタートカリキュラム」を一層充実させる。
- 高等学校段階においては,入学者選抜の方針や選抜方法の組合せ,調査書の利用方法,学力検査の内容等について見直しを図ることが考えられる。

評価方法の工夫の例

全国学力・学習状況調査
（問題や授業アイディア例）を参考にした例

　平成19年度より毎年行われている全国学力・学習状況調査では，知識及び技能等を実生活の様々な場面に活用する力や，様々な課題解決のための構想を立て実践し評価・改善する力などに関わる内容の問題が出題されています。

　全国学力・学習状況調査の解説資料や報告書，授業アイディア例を参考にテストを作成したり，授業を工夫したりすることもできます。

　詳しくは，国立教育政策研究所Webページ「全国学力・学習状況調査」をご覧ください。

(http://www.nier.go.jp/kaihatsu/zenkokugakuryoku.html)

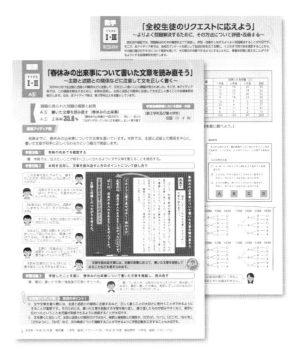

授業アイディア例

評価の方法の共有で働き方改革

　ペーパーテスト等のみにとらわれず，一人一人の学びに着目して評価をすることは，教師の負担が増えることのように感じられるかもしれません。しかし，児童生徒の学習評価は教育活動の根幹であり，「カリキュラム・マネジメント」の中核的な役割を担っています。その際，助けとなるのは，教師間の協働と共有です。

　評価の方法やそのためのツールについての悩みを一人で抱えることなく，学校全体や他校との連携の中で，計画や評価ツールの作成を分担するなど，これまで以上に協働と共有を進めれば，教師一人当たりの量的・時間的・精神的な負担の軽減につながります。風通しのよい評価体制を教師間で作っていくことで，評価方法の工夫改善と働き方改革にもつながります。

「指導と評価の一体化の取組状況」

A:学習評価を通じて，学習評価のあり方を見直すことや個に応じた指導の充実を図るなど，指導と評価の一体化に学校全体で取り組んでいる。

B:指導と評価の一体化の取組は，教師個人に任されている。

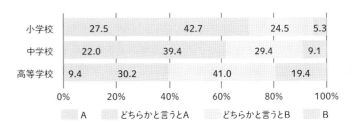

	A	どちらかと言うとA	どちらかと言うとB	B
小学校	27.5	42.7	24.5	5.3
中学校	22.0	39.4	29.4	9.1
高等学校	9.4	30.2	41.0	19.4

（平成29年度文部科学省委託調査「学習指導と学習評価に対する意識調査」より）

Q & A −先生方の質問にお答えします−

Q1 1回の授業で,3つの観点全てを評価しなければならないのですか。

A. 学習評価については,日々の授業の中で児童生徒の学習状況を適宜把握して指導の改善に生かすことに重点を置くことが重要です。したがって観点別学習状況の評価の記録に用いる評価については,毎回の授業ではなく原則として単元や題材などの内容や時間のまとまりごとに,それぞれの実現状況を把握できる段階で行うなど,その場面を精選することが重要です。

Q2 「十分満足できる」状況(A)はどのように判断したらよいのですか。

A. 各教科において「十分満足できる」状況(A)と判断するのは,評価規準に照らし,児童生徒が実現している学習の状況が質的な高まりや深まりをもっていると判断される場合です。「十分満足できる」状況(A)と判断できる児童生徒の姿は多様に想定されるので,学年会や教科部会等で情報を共有することが重要です。

Q3 指導要録の文章記述欄が多く,かなりの時間を要している現状を解決できませんか。

A. 本来,学習評価は日常の指導の場面で,児童生徒本人へフィードバックを行う機会を充実させるとともに,通知表や面談などの機会を通して,保護者との間でも評価に関する情報共有を充実させることが重要です。このため,指導要録における文章記述欄については,例えば,「総合所見及び指導上参考となる諸事項」については,要点を箇条書きとするなど,必要最小限のものとなるようにしました。また,小学校第3学年及び第4学年における外国語活動については,記述欄を簡素化した上で,評価の観点に即して,児童の学習状況に顕著な事項がある場合などにその特徴を記入することとしました。

Q4 評定以外の学習評価についても保護者の理解を得るにはどのようにすればよいのでしょうか。

A. 保護者説明会等において,学習評価に関する説明を行うことが効果的です。各教科等における成果や課題を明らかにする「観点別学習状況の評価」と,教育課程全体を見渡した学習状況を把握することが可能な「評定」について,それぞれの利点や,上級学校への入学者選抜に係る調査書のねらいや活用状況を明らかにすることは,保護者との共通理解の下で児童生徒への指導を行っていくことにつながります。

Q5 障害のある児童生徒の学習評価について,どのようなことに配慮すべきですか。

A. 学習評価に関する基本的な考え方は,障害のある児童生徒の学習評価についても変わるものではありません。このため,障害のある児童生徒については,特別支援学校等の助言または援助を活用しつつ,個々の児童生徒の障害の状態等に応じた指導内容や指導方法の工夫を行い,その評価を適切に行うことが必要です。また,指導要録の通級による指導に関して記載すべき事項が個別の指導計画に記載されている場合には,その写しをもって指導要録への記入に替えることも可能としました。

文部科学省
国立教育政策研究所
National Institute for Educational Policy Research

令和元年6月
文部科学省　国立教育政策研究所教育課程研究センター
〒100-8951 東京都千代田区霞が関3丁目2番2号　TEL 03-6733-6833(代表)

「指導と評価の一体化」のための
学習評価に関する参考資料
【中学校　社会】

令和2年6月27日	初版発行
令和5年9月1日	11版発行

著作権所有　　　　　国立教育政策研究所
　　　　　　　　　　教育課程研究センター

発　行　者　　　　　東京都千代田区神田錦町2丁目9番1号
　　　　　　　　　　コンフォール安田ビル2階
　　　　　　　　　　株式会社　東洋館出版社
　　　　　　　　　　代表者　錦織　圭之介

印　刷　者　　　　　大阪市住之江区中加賀屋4丁目2番10号
　　　　　　　　　　岩岡印刷株式会社

発　行　所　　　　　東京都千代田区神田錦町2丁目9番1号
　　　　　　　　　　コンフォール安田ビル2階
　　　　　　　　　　株式会社　東洋館出版社
　　　　　　　　　　電話　03-6778-7278

ISBN978-4-491-04133-9　　　　　定価：本体1,100円
　　　　　　　　　　　　　　　　　（税込1,210円）税10%